FERNANDO HERRERA ÁLVAREZ

==================================

7 ESTUDIOS DE DERECHO Y PSICOLOGÍA FORENSES

==================================

FERNANDO HERRERA ÁLVAREZ

7 ESTUDIOS DE DERECHO Y PSICOLOGÍA FORENSES

FERNANDO HERRERA ÁLVAREZ

===========================O

Vaya este pequeño libro dedicado a la memoria de mi difunto hermano Pedro Ramón Herrera Álvarez, que durante su corta existencia se identificó con una gran perspicacia y análisis dignos de los mejores investigadores que tanto necesitamos para hacer justicia.

O===========================

PRÓLOGO

Estudiar un tema en particular, ya sea para obtener un grado académico, o lo que es más importante, para llevar a la práctica algún trabajo fundamental que permita desarrollar una determinada parte de la ciencia, es a veces dificultoso, pues no siempre la teoría está plenamente relacionada con la práctica, en lo referente a las consultas bibliográficas pertinentes. En este pequeño libro, hemos tratado de desarrollar brevemente siete estudios que en algún momento específico del aprendizaje de algún estudioso del Derecho o de la Psicología pudieran serle de gran utilidad. La práctica forense, no necesariamente debe aprenderse únicamente con la propia experimentación, pues muchas veces, es necesario tener conocimientos previos que permitan no cometer errores que a veces pueden ser causantes de situaciones complejas y muy delicadas en sus consecuencias.

En consideración a lo ya expresado, ponemos a su disposición estas siete lecturas, que aunque son de temas diversos, guardan cierta relación entre sí.

El Autor.

---oOo---

FERNANDO HERRERA ÁLVAREZ

EL SITIO DEL SUCESO

ESTUDIO ANALÍTICO DE TIPO FORENSE EN
REFERENCIA A LA TECNOLOGÍA DE LOS
PROCESOS INVESTIGATIVOS

---OoO---

PREÁMBULO INTRODUCTORIO

Dentro de las disciplinas inherentes al Derecho, indudablemente, la investigación es un área fundamental. No solamente en el aspecto penal, que es el que tratamos en este texto, sino también en cualquier otra actividad humana. A veces la falta de capacidad analítica de los elementos humanos intervinientes en cualquier investigación pueden producir no solamente un retardo lamentable en la consecución del fin esperado, sino que muchas veces anula todos los esfuerzos de tal actividad.

A costa de parecer algo monótono este ensayo, nos vemos compelidos a prestar importancia prioritaria a enseñar a analizar cada uno de los hechos investigados. Por tal motivo, rogamos al respetable lector, ya sea estudiante de Derecho, o profesional de esta disciplina pero no versado en las áreas penales, como tambien a cualquier ciudadano común, dedicado a diferente actividad que no sea la del Derecho, que medite un poco sobre los pequeños detalles que pueden significar tanto un éxito fundamental como un fracaso rotundo.

Como es lógico, este trabajo ha tratado de utilizar los conocimientos alcanzados hasta el presente por diversos investigadores, por lo que no escatimamos esfuerzos en sintetizar muchas de las experiencias que a la luz de los modernos avances científicos han ido desarrollándose en los campos conexos con estos temas.

---oOo---

EL SITIO DEL SUCESO

I.- INTRODUCCION.

Todo hecho delictivo, independientemente de cuales sean sus características particulares, tiene que haber sido ejecutado en algún lugar, ya sea éste único o sean varios simultáneos o espaciados en el tiempo; y ésto es indudablemente algo común a todos. El lugar del hecho o del suceso debe de existir. No importa que en algunos casos sea desconocido, la ausencia de conocimiento no implica su inexistencia. En este último caso, una de las labores más importantes que realiza el investigador es precisamente encontrar su ubicación, y más adelante, a medida que se avance en este trabajo se verá el porqué de este aserto.

De todos los conceptos de sitio del suceso que se han revisado bibliográficamente, el más escueto y resumido, pero a la vez el más preciso y conciso es éste: "Es el lugar donde se ha cometido el hecho" (ESCALA ZERPA, Dr. Reinaldo.- "Curso de Investigación Policial" Ed. La Torre, Caracas, pág. 59.).

Analicemos: La primera palabra del concepto: "Es", nos indica que se trata de algo real, existente, no ficticio, es decir, no estamos tratando con algo hipotético en sustancia, sino con algo que forma parte del mundo de lo verdadero, --y al decir ésto, entiéndase que no se hace referencia a la existencia de un lugar no comprobado, que pudiera ser verdadero o falso, sino únicamente a la cualidad de existir por sí mismo, como una necesidad que dá el propio conocimiento del nacimiento de un delito-; siguiendo el orden del enunciado "el lugar", indica que dentro de la dimensión "espacio", debe existir, obligatoriamente un segmento dedicado al hecho. La no vivencia de esta realidad física, implica, necesariamente, la intangibilidad dimensional del espacio donde debe haber ocurrido el hecho, que nos lleva a la lógica conclusión de que al no existir tal lugar, tampoco puede tener vivencia de realidad el hecho delictivo, (y ésto es también aplicable, para cualquier otro caso, ya sea delictivo o no).

Hasta ahora, la parte analizada de la definición se refiere a todo hecho en general, sin expresar la calidad del mismo. A continuación, "donde se ha cometido", podemos desglosarlo a su vez en sentidos aún más específicos, así, la parte adverbial "donde" no hace sino corroborar la existencia de ese espacio dado, dándole aún más firmeza, y dejando definitivamente asentada la existencia de ese espacio o lugar mencionado. "Se", nos trae la novedad de que hay un ser relacionado con ese lugar; es decir, el lugar deja en este momento de ser algo puramente espacial físico para convertirse en una relación con un ser vivo, y específicamente personal. La forma verbal "ha", aclara la existencia de otra dimensión importante: la temporal, y deja a su vez, definitivamente definido ese momento en el tiempo, es decir, no es ni futuro ni presente, sino pasado; la relación personal con ese determinado lugar obviamente ha ocurrido en el pasado. Finalmente, el participio "cometido" da una idea clara de la relación entre el lugar y la persona o personas, hay "algo" que se ha realizado en ese lugar y en ese tiempo, y al mismo tiempo, el significado lingüístico de la palabra aclara que la relación a que hace referencia es de efecto negativo, ya que no utiliza palabras tales como realizado, ejecutado, etc., sino particularmente "cometido", de cometer, realizar algo perjudicial. La última parte de la definición: "el hecho", completaron un indiscutible broche de oro, el perfecto sentido de tal definición, al dejar totalmente aclarado que la relación entre el lugar y la persona es un mal hecho ejecutado en un tiempo cercano o lejano, pero en el pasado. En definitiva, esta última parte establece claramente la existencia de una acción, y ésto contribuye aún más a darle consistencia material tanto al lugar como al hecho mismo cometido.

El propósito de este trabajo es el de hacer un estudio general del lugar o sitio del hecho o suceso, trabajando sobre su importancia, sus componentes y sus consecuencias. Aclarada en esta introducción la parte conceptual, el siguiente paso lógico ha de ser analizar su importancia, veamos:

II.-IMPORTANCIA DEL LUGAR DEL SUCESO.-

No siempre el investigador policial tiene la suerte de ubicar en forma inmediata el lugar donde ocurrió un hecho punible; a veces se tiene noticias del hecho pero se desconoce el lugar de su comisión, como por ejemplo cuando se encuentra un cadáver, producto de homicidio, arrastrado por la corriente de un río. En un caso semejante, puede darse la situación de conocer con todo detalle, el tipo de arma empleada, el tiempo de su ejecución y aún otros datos de importancia, pero se desconocerá el lugar donde se realizó el crimen. La labor detectivesca deberá en principio ser orientada hacia la búsqueda de ese lugar ignorado; encontrarlo permitirá ponerse en contacto con toda una realidad observable, que indudablemente, en la mayor parte de los casos, aportará una información de vital importancia para el esclarecimiento del caso. Todo ese enorme cúmulo de vestigios que generalmente deja el criminal en la comisión del hecho delictivo, tendrán vivencia, tangibilidad, al encontrar el sitio donde ocurrió la acción. Descubrir el sitio exacto, donde por ejemplo, hubo una lucha cuerpo a cuerpo, o se realizó un disparo de arma de fuego, o se arrastró un cadáver, etc., permitirá conocer datos que no serían accesibles a la investigación cuando el cuerpo del delito se ubica fuera del lugar de su comisión.

La importancia del lugar del suceso, es, por lo tanto, inversamente proporcional a la presencia de informaciones no relacionadas con el lugar del hecho; y ésto es obvio, en la medida que carezcamos de otras informaciones, la importancia del lugar del suceso, la que pudiéramos obtener analizando el lugar del suceso, cobra fuerza y se hace mucho más importante; y por lógica científica, viceversa.

Al llegar a este punto pudiera surgir una confusión para aquellas personas que carezcan del suficiente dominio en materias jurídicas y policiales, por ello es bueno hacer un paréntesis y aclarar algo. La duda específica puede surgir en los conceptos de cuerpo del delito, lo cual confunde a numerosos estudiantes, inclusive los avanzados, veamos: Para que exista un acto delictivo tiene que comprobarse que dicho acto nocivo se ejecutó, no basta simplemente imaginarse subjetivamente que tal cosa ha ocurrido en base a la apreciación de ligeros vestigios no determinantes, por ejemplo, un cadáver, encontrado con lesiones de cualquier índole, puede constituir el cuerpo del delito si en efecto la persona cuyo cadáver se encontró, fué golpeada intencionadamente con un arma, con la finalidad de ultimarla; pero dicho cadáver no constituirá tal cuerpo del delito si la persona se cayó y golpeó por sí misma, sin intención maliciosa de alguien, inclusive del mismo occiso. Como aclaratoria, extendamos el ejemplo hacia el suicida, cuyo cadáver se encontró; este caso si representa cuerpo del delito, pues aunque no hubo intervención de otras personas, sí hubo intención de cometer un delito, por parte del mismo sujeto difunto.

Veamos un caso en que hay cadáver, hay delito, pero el cuerpo del delito no es el mismo cadáver, sino cualquier otra cosa. Ejemplo: un hombre aparece muerto, se sospecha que fué ultimado por órdenes de un sujeto X y por manos de otro Y. Para comprobar el cuerpo del delito de X sería suficiente encontrar una carta firmada por éste, dándole orden a Y de ejecutar el acto. El cuerpo del delito en este caso será una carta, un documento; y el cuerpo del delito estará fundado, no en la ejecución material del hecho, sino en la intención de realizarlo dándole la orden a otro.

Sobre este tema, y sus aclaratorias, podrían escribirse luengamente numerosos tratados, pero baste con estos ejemplos para aclarar un posible punto de controversia en la comprensión de nuestro tema central, "el lugar del suceso".

Siguiendo una secuencia lógica, el próximo punto a tratar debe ser el análisis del lugar del suceso, y en efecto, así se procede.

III. ANÁLISIS DEL LUGAR DEL SUCESO.-

Antes de proceder a investigar el lugar del suceso debe tenerse muy en cuenta que las posibles pruebas o indicios que se encuentren en el mismo están sujetos al riesgo de deteriorarse, inclusive, hasta de perderse, si no se aplican ciertas reglas fundamentales para su conservación.

1.- Debe alejarse del lugar a todas aquellas personas, que en curiosidad, puedan dañar el sitio.

2.- Debe evitarse que objetos u animales de cualquier índole puedan alterar la situación original. Para ello, en el caso de los posibles animales que puedan acercarse, debe ahuyentárselos; si son insectos como cucarachas, hormigas, etc. deberán aplicarse los conocimientos técnicos más adecuados para cada caso, teniendo en cuenta que no siempre podrán aplicarse insecticidas u otras sustancias, sin riesgo efectivo de contaminar químicamente las pruebas que van a buscarse,

3.- Si el lugar es muy amplio, deberá dividirse en sectores, con investigadores distribuidos proporcionalmente.

4- Deberá tenerse en cuenta que aún el mismo detective puede ser causante de dañar o contaminar el lugar. Como ejemplo puede imaginarse el caso del investigador que con sus propios zapatos contribuya a deteriorar las huellas dejadas por las pisadas de los sujetos involucrados en el hecho. Al manejar un arma, deberá hacerse por los extremos, para no contaminar las huellas digitales. No es suficiente tomar un pañuelo entre las manos y el objeto, pues ésto lo que hará será borrarlas definitivamente. Un arma de fuego puede manejarse pasando un cordel por el guardamonte del arma. En realidad los posibles accidentes podrán ser tantos y tan variados, que no queda más remedio que dejar en manos del detective la decisión de cómo va a manejarlos. De aquí la importancia de que el investigador policial sea un sujeto de alta capacidad, de notable intuición, precavido, cuidadoso, organizado, con alto sentido de la lógica. En definitiva, un botarate jamás podrá ser triunfador en la carrera policial.

Llegados a este punto, es bueno hacer un pequeño paréntesis para tratar de algo relacionado. Todos sabemos que por ejemplo, antiguamente en uno de nuestros países, la Policia Técnica Judicial era una de las mejores del mundo, y que con respecto a ella prácticamente no había problemas. Pero, ¿qué ocurre cuando otros órganos de la administración pública, fungiendo de órganos auxiliares, meten su mano en aquello para lo que deberían ser expertos?. Ocurre la catástrofe: pruebas que se deterioran y hasta desaparecen; y pruebas que aparecen no se sabe cómo. Resultado: inseguridad jurídica; individuos inocentes cumpliendo condenas que no les corresponden; y delincuentes, ya sean de cuello blanco o sin cuello, vanagloriándose de su impunidad.

Todos sabemos que los primeros momentos en el descubrimiento de la comisión de un delito, tienden a crear zozobra entre los presentes, a realizar actos inadecuados, por desconocimiento, a hacer interpretaciones "sui géneris" a veces totalmente erróneas. Y estos momentos, tan decisivos, tan importantes, para la aclaración del delito, son justamente los más incontrolados. A veces se mezcla la necesidad de realizar una buena acción, con la necesidad de cumplir estrictamente un deber jurídico. Ejemplo: cuando encontramos un moribundo, apuñalado, en un lugar solitario, ¿qué deberá hacerse?, podría tomarse al herido, montarlo en cualquier vehículo y llevarlo de urgencia al hospital más próximo; puede ocurrir que todo salga bien y el sujeto sea salvado por los galenos, y que después inclusive sea objeto de agradecimiento por parte del herido aquel que lo movilizó, y en ese caso, nada importa que mientras tanto, el lugar del suceso sea invadido por curiosos, que borren huellas, que se lleven el arma con la que se provocó la herida, etc., pero... si durante el trayecto el herido se muere, y de pronto el que lo auxilia se encuentra que tiene en su vehículo un cadáver producto de un homicidio, y que para el momento de la defunción el lugar del suceso ha sido deteriorado, ¿qué tendrá que hacer, deshacerse del cadáver o enfrentarse a una acusación de homicidio?. Por otro lado, si en lugar de movilizar al herido, simplemente pone los medios para que nadie altere el lugar donde se encuentra, y cumpliendo con su deber jurídico, va a dar aviso al órgano policial correspondiente, resulta que mientras realiza estas gestiones el sujeto muere. En este caso está claramente determinado el conflicto entre el deber moral y el deber jurídico. Aún más, otra variable de importancia interviene: si se tiene en cuenta que en los dos casos mencionados, el sujeto que encuentra al herido, posiblemente se va a ver involucrado en un serio problema, ¿no deberá tener prioridad sobre los dos anteriores deberes mencionados, el deber de preservarse de todo mal, de autodefenderse, de poner a funcionar el instinto de conservación que todos llevamos como herencia genética?. En definitiva, la lógica demuestra que la única manera en que alguien no se vea involucrado directamente en un delito, ha de ser la de alejarse del lugar del hecho.

Estas elucubraciones realizadas en los párrafos anteriores son importantes en cuanto que implican un punto de reflexión sobre situaciones que indudablemente se presentan en la vida real. Sin embargo, en beneficio de una mayor objetividad en la presentación de este trabajo, vamos a referirnos a continuación, específicamente, a lo que se espera que se realice a partir del descubrimiento del posible hecho delictivo.

En todo lugar del hecho, es decir, en aquel donde efectivamente ha ocurrido una situación o acontecimiento de tipo punitivo, se encuentran generalmente una gran cantidad de evidencias de tipo material o físico. Estas numerosas evidencias físicas pueden encontrarse, tanto en el mismo cuerpo de la persona victimada, (si el caso se refiere a atentados contra la vida de alguien), como en el cuerpo del supuesto autor de la acción delictiva; igualmente se encuentran en aquellas áreas que guardan alguna relación con el hecho. Estas últimas pueden ser contiguas o inmediatas, si están próximas al lugar principal del hecho, y a distancia, si se encuentran separadas ampliamente.

El personal detectivesco, antes de comenzar la recolección de las evidencias mencionadas, sigue un plan estructurado de antemano, y que se basa en la experiencia alcanzada a través de los lamentablemente innumerables casos delictivos con que está contaminada nuestra sociedad. Este procedimiento, metodizado de búsqueda, tomando en cuenta la naturaleza del hecho y las condiciones específicas del lugar de los acontecimientos, se refiere a ciertos puntos que se indican a continuación:

1.- Tipo y Cantidad de material necesario para la investigación .

2.- Marcado de la evidencia; generalmente a través de la misma persona que recolecta el material.

3.- Preservación de los materiales recolectados, utilizando envases o recipientes apro-

piados a cada muestra, embalándolos indivi-
dualmente.

4.- Etiquetamiento cuidadoso de los em-
balajes realizados. Este tipo de operaciones,
aparentemente simples, sin embargo están
sujetas a una serie de posibles inconvenientes,
de los cuales vamos a mencionar los más
importantes:

4a.- Materiales deteriorados: en los que
existen alteraciones en algunas de sus más
importantes características. Ejemplos tales como manchas de sangre mezcladas con sudor de
las manos del detective mientras maneja la
evidencia material; fracturas ocasionadas posteriormente a la recolección o durante el proceso de embalaje, etc.

4b.- Materiales que han sufrido contaminación durante el proceso, o durante el lapso
comprendido entre la comisión del hecho y el
momento de su investigación. Puede ponerse
como ejemplos el de substancias o elementos
adicionados o mezclados, tales como pelos etc.
o el mismo ejemplo del caso anterior, sudor del

pesquisa, como contaminante de otras sustancias, además del deterioro químico al que implícitamente nos referíamos en el mencionado caso anterior de aquellos elementos encontrados en el lugar, impidiendo en un momento determinado, la reconstrucción de alguna forma vidriosa que se rompió, lo cual puede impedir demostrar la procedencia de los materiales; o también pedazos de madera u otras sustancias, pertenecientes a algún objeto.

4c.- Inadecuación de los materiales recolectados. Ejemplo: trozos de un documento que no presentan las palabras claves para entender el significado del contenido principal; también, restos de una sustancia química que no guarda relación con el suceso que se analiza.

4d.- Destrucción de los materiales que deberían haber sido usados para determinar y concluir sectores importantes de la investigación, y que por descuido han quedado deteriorados, a tal punto, que se han hecho inadecuados para los fines originarios. Ejemplos los tenemos en un revólver por cuyo cañón se han introducido objetos metálicos, alterando las estrías que serían empleadas en los procedi-mientos balísticos de investigación; o bien el borrado de una huella dactilar por descuido del investigador o por la intervención de personas curiosas o inescrupulosas.

4e.- Desconocimiento de la procedencia de los materiales, debido a la carencia de etiquetamiento o embalaje apropiado, lo cual inutiliza dichos materiales por desconocimiento de su origen.

4f.- Insuficiencia de los materiales recolectados. Ejemplo clásico es cuando no se toman todos los pedazos de vidrio que se encuentran en un lugar, refiriéndonos al caso ya enunciado anteriormente, impidiendo en un momento determinado demostrar la procedencia de tales materiales; o también, ampliando el ejemplo, de trozos de madera u otras sustancias, pertenecientes a algún objeto encontrado en el lugar del acontecimiento.

Antes de proceder a realizar cualquier cosa en el lugar del suceso deberán ejecutarse los trabajos de fotografía en forma minuciosa, con la finalidad de dejar constancia de la ubicación, posición y otras características observables mediante tales fotografías, referentes tanto a la víctima o victimas como a los objetos y espacios que las circundan.

La fotografía no es la única forma de dejar constancia de la ubicación de los elementos conformantes del lugar del hecho, también la Planimetría, a través de una rigurosa metodología de elaboración de planos especiales, permite fijar en forma permanente, no solamente los espacios exactos en donde ocurrieron los hechos, a través de mediciones precisas que se llevan posteriormente a los planos, sino también la trayectoria de aquellos elementos que se hayan movilizado en el momento de los acontecimientos, tales como proyectiles con un recorrido determinado, muebles que se movilizaron, cuerpos que pueden haberse arrastrado, etc.

El sitio del suceso puede ser un espacio abierto, tal como un campo, una playa; o también puede que sea un lugar cerrado, tal como el interior de una habitación. En el primer caso el lugar será abierto o externo, y en el segundo cerrado o interno. Puede ocurrir que el lugar del hecho esté conformado tanto de una parte abierta o externa como de otra cerrada o interna, y en ese caso se denomina mixto.

Modernamente se utiliza un sistema planimétrico denominado Plano Abatido de Kenyers, el cual presenta la ventaja de que permite conocer la posición relativa de objetos laterales que guardan relación con la proyección central. Los planos no solamente visualizan la ubicación aérea de la zona correspondiente al lugar del suceso, sino que también presentan en forma de superficies abatidas (de allí su nombre), las paredes circundantes, a partir de un punto central.

El investigador, al iniciarse en el proceso de desmenuzamiento de los hechos, a través del estudio minucioso de los acontecimientos, en el mismo lugar del hecho, debe tener en su mente las siguientes preguntas:

1.-¿Qué sucedió?. Esta pregunta tiene una relación directa con la naturaleza tanto extrínseca como intrínseca de los acontecimientos. Si por ejemplo, nos enfrentamos ante el análisis de los acontecimientos que resultaron que una persona apareciera muerta en el lugar del suceso, o en un supuesto lugar de liberación del cadáver, se hace necesario conocer si realmente se ha producido un homicidio o si fué accidente, suicidio o muerte natural. Esto conlleva a intentar conocer cuales fueron las posibles causas de la muerte. Es obvio, que para conocer lo que ha ocurrido en un lugar donde no nos encontrábamos, será necesario recurrir a determinadas fuentes de información.

En principio las fuentes de información son de tres tipos: Las personales; las materiales; y los archivos. Estas últimas no podrán estar en el mismo momento, por razones obvias, sin embargo quedarán las otras dos fuentes de información, las personales y las materiales. Las personales, a través de los relatos hechos por personas que posiblemente fueron testigos de los acontecimientos, o que conocían a la víctima o posible victimario. Las materiales, a través de todo lo que está presente en el lugar del suceso, de lo que estamos hablando ampliamente.

La información de tipo personal puede que no sea factible de encontrar en el mismo momento en que se estudia el lugar del hecho. En este caso se dejará para que posteriormente, a medida que se avanza en la investigación, pueda recabarse. Sin embargo, y dado que lo que interesa en este trabajo es fundamentalmente lo relacionado que el lugar del suceso, como es obvio, interesarán básicamente aquellas informaciones que puedan tomarse en forma inmediata por la persona o personas que pudieran encontrarse cerca, aunque no hayan presenciado los acontecimientos. Las preguntas que se les hagan deberán ir encaminadas a conocer datos sobre lo ocurrido en ese lugar determinado que se está comenzando a estudiar. Posteriormente, los indicios o rastros materiales que se vayan obteniendo a través de una minuciosa observación del lugar, complementará la información que pudiera haberse obtenido personalmente.

Es obvio que la intervención de elementos científicos permitirá conocer en forma exhaustiva qué es lo que realmente ha ocurrido. El médico forense hará una primera interpretación en el mismo lugar; y ésta será posiblemente la mejor fuente de información para saber cómo murió la víctima, (en caso de que sea ese el supuesto delito investigado). Los resultados de la autopsia, posteriormente, confirmarán esa primera hipótesis. Pero es innegable que antes de conocer los resultados de la autopsia deberán tenerse algunos indicios para iniciar la investigación, y éstos, en efecto, seguramente serán aportados en el mismo lugar del hecho por fuentes de información más inmediatas.

Conocido lo que sucedió, o al menos encaminados con una hipótesis de trabajo, estaremos en condiciones de analizar una segunda interrogante. Ésto, desde luego, sin descartar que la hipótesis inicial sea falsa. Ejemplo: De lo dicho por supuestos testigos, y de las evidencias encontradas en el lugar del hecho se deduce que fué un suicidio, y posteriormente, analizado el resultado de la autopsia se deja al descubierto que fué homicidio; o se pensaba que era accidente y después se llegó a la conclusión que no lo fué. Dadas estas circunstancias, el investigador no deberá dejarse llevar por ese primer resultado, es decir, si cree que fué accidente, suspender la investigación, sino que deberá seguir investigando, tomando la mayor cantidad de datos posibles en el lugar del suceso, aún cuando tenga la convicción de que no fué delito. Ésto es muy importante, pues si actuara a la ligera, posiblemente daría la oportunidad de que pruebas o indicios de importancia encontrados frescos en el lugar del suceso, se deterioraran o desaparecieran, haciendo que la investigación, posteriormente, se haga más dificultosa o imposible.

2.- ¿Quién es la persona?. Esta incógnita, deberá tratar de resolverse en el mismo momento de personarse al lugar del hecho. Las fuentes personales, al igual que en la primera pregunta analizada, pueden dar la respuesta a esta importante pregunta, sin embargo, en la práctica, el Estado ha desarrollado una tecnología de identificación casi perfecta, la cual permite, a través de las huellas dactilares de la víctima, saber, basándose en los archivos de identificación, quién es la persona hallada. Esto funciona en la mayoría de los casos, pero la Dactiloscopia será inútil cuando la víctima haya sido despojada artificialmente de sus huellas, a través de su destrucción o desaparición intencionada; sin contar con los pocos casos de personas que carecen de dichas huellas debido a un extraño defecto congénito.

Así como la identificación de la víctima, en la mayor parte de los casos será un problema a resolver en los archivos, a través del laboratorio, ello será referente al conocimiento de quién es la víctima; pero la pregunta que debe hacerse el investigador no solamente habrá de cubrir esta faceta de la investigación.

Téngase en cuenta que en el lugar del hecho seguramente habrán estado, no solamente la víctima, sino también un posible victimario, y también personas que pudieran haber tenido alguna relación directa o indirecta en el hecho investigado. Deberá, por lo tanto, pensar en responder "a priori", no solamente la identidad de la víctima, sino también la del victimario y de los participantes que pudieran haber en el caso.

Al llegar a este punto es de vital importancia tener muy en cuenta que para la identificación de las personas que hayan intervenido en el suceso deberá contarse con material de apoyo importante, de base indicial, no solamente las respuestas verbales que puedan dar los posibles testigos o vecinos del lugar, sino también, (y ésto es fundamental), saber seleccionar los materiales que al ser analizados en el laboratorio determinen con cierto grado de seguridad, esas identidades desconocidas.

3.- ¿Dónde ocurrió el hecho?, o en su defecto ¿dónde se preparó su ejecución?. Esta distinción deberá hacerse, ya que no es lo mismo el lugar del hecho que el lugar de liberación. Sitio de Liberación "Es el lugar a donde el actor o participantes, con el fin de lograr la impunidad del delito, trasladan el cadáver, el arma, instrumentos u objetos relacionados con el hecho cometido". (ESCALA ZERPA, Dr. Reinaldo.- Obra citada, pág. 60.).

Contestarse la primera pregunta mencionada en este aparte es vital para la investigación. Si el hecho ocurrió en el mismo lugar donde se encontró el cadáver, (por ejemplo), consideraremos que ese lugar tiene una significación determinante. Debe por todos los medios preservarse todo lo que se encuentre y se relacione con ese sitio. Deberá por lo tanto, procederse a tomar las muestras, a la mayor brevedad, con la finalidad de que no se pierdan ni se deterioren, (y aquí son validas las consideraciones que se han hecho en otro punto de este trabajo). El lugar debe ser sometido a las siguientes fases: a) Protección, tendiente a salvaguardar los indicios de todo tipo que puedan existir en el lugar. Está función deberá se ejecutada por los funcionarios de la Policia Técnica Judicial correspondiente al país donde ocurra el hecho, o por aquellos que funjan de auxiliares de ella, como por ejemplo, las policias uniformadas, tal como las Metropolitanas o Municipales.

Posteriormente viene la fase de Fijación, es decir aquella en la cual se garantiza que podrá hacerse uso de los elementos indicíales encontrados, para ser utilizados durante la investigación o el proceso judicial. Esta fijación se logra mediante Inspección policial, Fotografías, Croquis y Levantamiento Planimétrico y Filmación.

3.I.- En la Inspección Policial se tomará la información que sea posible transcribir a través de un proceso descriptivo de todo lo que se observe en el lugar del suceso. Es recomendable analizarlo desde varios puntos de vista: en forma general describiendo el contexto que rodea el lugar y explicando los componentes más importantes observables a través de la inspección ocular; después realizando una división hipotética del lugar, que permitirá distribuir más adecuadamente el personal y ser más efectivo en la acumulación de datos, además de contribuir a evitar que por desorganización en la búsqueda, algunos sectores del lugar no puedan ser analizados por haberlos pasado por alto descuidadamente. Posteriormente a nivel minucioso, objeto por objeto, centímetro por centímetro, tratando de descubrir, no solamente lo que se vea a simple vista, sino aquello que por deducción lógica pueda constatarse, y que tenga alguna utilidad para el proceso de investigación por tener relación con lo ocurrido en el hecho delictivo.

3.2- La toma de fotografías es un recurso del que disponemos actualmente, y que tiene la ventaja de que una vez que haya pasado el tiempo, que los objetos se hayan movido, es decir que el lugar se haya alterado, y cuando ya no sea posible vislumbrar la forma que tenía el mismo en el momento de los acontecimientos, quedará ese registro permanente, inalterable que servirá no solamente para el proceso de investigación a nivel policial, sino que también constituirá prueba fehaciente de la posición inicial de los elementos, y que puede constituir indicio que al final contribuya a probar, entre otros tantos más la comisión del hecho punible por un sujeto o sujetos determinados. Estas fotografías deberán ser de la mejor calidad posible en forma tal que su perfecto enfoque permita realizar aumentos en un momento dado, que haga posible profundizar la observación de lo hallado. Las fotografías deberán ser tomadas de acuerdo a un plan específico, y no al azar; además deberá dejarse constancia del tipo de película empleado, la distancia al objeto, luminosidad, posición del fotógrafo, etc., con la finalidad de en el momento que sea necesaria una reproducción de tal foto, se pueda lograr algo semejante.

Las cosas que podrán ser fotografiadas son muchas y de índole variada, por ejemplo: las huellas de un neumático dejadas por el vehículo que atropelló a una persona; las huellas de los zapatos de quien supuestamente penetró en el lugar y cometió el delito. En el primer caso, la comparación con el original, podrá permitir detectar ciertos rasgos característicos, producidos por el desgaste, que identifica al neumático como si fuera una huella dactilar. En el segundo caso, la goma o suela del zapato, unido al tamaño, forma y otros datos que puedan ser comparados con el zapato o pié original, podrá permitir asegurar que tal huella corresponde, en efecto, al sospechoso, con las implicaciones policiales y jurídicas que esto acarrea, especialmente en la fase probatoria de los hechos.

3.3.- El Croquis del Lugar y la realización de un levantamiento Planimétrico, revisten también particular importancia. El Croquis, como complemento de las fotografías, permite conocer con exactitud las medidas del lugar de los hechos, y el tamaño y ubicación de los elementos que lo componen. Así mismo, la Planimetría, entre cuyas técnicas tenemos el Plano Abatido de Kenyers, tal como se trató al principio de este trabajo, representa una modalidad para dejar establecidos con gran precisión, no solamente la ubicación de los objetos, sino también la posible trayectoria de proyectiles, recorrido de la víctima y del victimario, etc.

Es costumbre, relativamente frecuente, la de integrar las fotografías al estudio planimétrico. Esto se logra estableciendo puntos de conexión directa entre uno y otro a través de símbolos especiales, tales como llamadas, que remiten a uno u otro cuando así se requiere para la comprensión de la investigación. Este último sistema fué inventado por técnicos pertenecientes a la Policía Argentina.

Las técnicas de observación del lugar del hecho han llegado a un grado tal de perfección, que los detalles que se deben tomar en cuenta son tan numerosos, que solamente aquellas personas que tengan una adecuada instrucción en la técnica de investigación policial podrán verdaderamente sacar provecho a las fuentes de datos informativos que se encuentran casi siempre en el lugar de los acontecimientos.

Al encontrar un cadáver en un lugar determinado, debe hacerse un croquis y describir en los apuntes, tanto la posición, mencionando la cabeza, observando que tipo de cubrecabezas tiene, si ésta está o no al descubierto, el color, su longitud, arreglo y adornos del pelo. Observar la cara por si hay lesiones, sangre, barro, sustancias desconocidas y otras marcas; la posición de los ojos, de la boca y la expresión del rostro del occiso. Nótese si tiene las manos suaves o callosas, limpias o sucias, abiertas o cerradas, la posición de los dedos, o la presencia de algún adorno personal, tales como anillos. Se debe extraer cualquier sustancia que tenga entre las uñas para poder analizarla. Observar en la ropa, su forma de presentación, el grado de limpieza, si ésta está seca o mojada, su tipo de material y calidad, color, dibujo y nombre del sastre si lo tuviere. Posteriormente debe quitársele la ropa y hacerla examinar por un perito para determinar si tiene algunas materias extrañas. Se examinará el cadáver de espaldas, además de la posición en que haya encontrado inicialmente, y el suelo o piso debajo de él; se debe extraer y someter a análisis cualquier materia que pueda ubicarse en mayor o menor cantidad entre las grietas de las suelas de los zapatos y en el espacio entre la pala o plantilla y la suela.

Por el contenido del texto anteriormente transcrito es fácil observar el enorme nivel de dificultades que presenta una adecuada investigación a nivel de inspección ocular. Son tantos los detalles que deben tenerse en consideración, y tal la importancia que revisten todos v cada uno de ellos, que la pérdida o distracción en la toma de uno de esos datos puede representar el éxito o el fracaso de tal proceso investigativo.

Otra de las informaciones que pueden significar una aproximación a la solución, es describir la posición en que fué encontrado el cadáver de la víctima. Existe una clasificación utilizada a nivel general, no sólamente en técnica policial, sino también en otras actividades; dicha clasificación es la siguiente:

a) Decúbito Prono, cuando la persona se encuentra con la cara hacia el piso, es decir, boca abajo.

b) Decúbito Supino, la posición inversa, es decir tumbado sobre el piso y mirando hacia arriba.

c) Decúbito Lateral derecho, si se encuentra apoyado sobre el costado del mismo nombre.

d) Decúbito Lateral Izquierdo, cuando asume la posición anterior, pero del lado izquierdo.

e) Posición Sedente, cuando se encuentra el cuerpo doblado como sentado.

f) Genu-Pectoral. El cuerpo se encuentra inclinado hacia el piso, pero apoyado sobre el pecho y las rodillas.

Toda esta información a la que se ha hecho referencia, unida a otras más que por lo extenso pasamos por alto, conforman ejemplos de los datos que pueden quedar establecidos en forma permanente en el registro de la inspección ocular, los cuales, tal como se mencionó anteriormente, no sólamente quedarán fijados en las fotografías tomadas, sino que a nivel planimétrico se ubicarán exactamente en el lugar que le corresponde en el espacio de lugar de los hechos. Una bala, por ejemplo, produce diversos rastros que pueden ser fijados, y ese fijamiento se logra a través de la medición del lugar donde se encuentra la cápsula, el punto de incidencia en el cuerpo, y si ha tenido trayectoria de salida, el lugar donde está incrustada, o donde se hayan fragmentos. Debemos prestar especial importancia al examen fundamental del orificio de entrada del proyectil, su trayectoria, y orificio de salida, ya que básico en cualquier tipo de investigación policial semejante.

Una de las cosas que actualmente tienen mayor importancia en la investigación policial, es la utilización con fines de investigación, de las huellas encontradas en el lugar del suceso. Estas huellas, sometidas a un riguroso examen técnico, a través del cual se confronta con los archivos existentes en la Oficina de Identificación, permitirá conocer qué personas tuvieron relación con ese lugar, a través de la prueba indicial dactilar. Es tan importante esta observación, y todo lo que se haga para proteger tales huellas, que vamos a ejemplarizarlo así:

En la vecina ciudad de Guarenas, se encontró, en casa de un dentista, el cadáver del cuidador, degollado, en la cocina de la propiedad. La cabeza ¡estaba en el jardín, al parecer, lavada con la manguera que allí estaba en el mismo lugar de los hechos.

Los policías y el Juez revolvieron todo y autorizaron, incluso al dueño de la casa, para que lavara la cocina. Cuando no encontraron ningún sospechoso, llamaron apresuradamente al Laboratorio de la Policia Técnica Judicial. No pudo hacerse ningún estudio de rastro sanguíneo, pues todo había sido lavado, y hasta habían pretendido sacar las baldosas del piso. Sólo una botella de vino, que no tenía por qué estar allí, se salvó de la limpieza. En ella se revelaron dos dedos de la mano derecha del occiso y dos dedos de otra persona, que no correspondían a ninguna de las que por razones profesionales, habían penetrado en tan mala forma en el sitio del suceso.

Pudo aprovecharse la huella, del índice derecho de ese desconocido, que habría brindado por última vez con el degollado. El estudio posterior del cadáver, que había sido trasladado a la Morgue, demostró evidentes signos de lucha y la causa de la muerte. En la

búsqueda que se realizó en el Archivo Mono-
dactilar, el resultado fue negativo, lo que hacía
descartar un delincuente habitual, que son los
allí fichados. Una pacientísima y muy rigurosa
investigación en el Archivo Polidactilar de esa
población mencionada, permitió individualizar al
que había bebido con el muerto, y detenido,
confesó totalmente su delito, al ser confrontado
con los pocos detalles técnicos que se habían
salvado de la obra destructora de quienes de-
bieron protegerlos, pero que no lo habían hecho
en forma adecuada.

Este ejemplo, por lo convincente, demuestra la importancia de no proceder en forma
irreflexiva cuando se van a manejar materiales
de investigación de tal importancia.

4.- ¿Cuándo sucedió el hecho?. Esta
cuarta pregunta que deberá mentalmente hacerse el pesquisa, en el lugar de los acontecimientos, tiene, al igual que las anteriores una importancia relevante. Saber con exactitud el momento preciso en que ha ocurrido algo, permite
constatar la validez de las coartadas, o la posi-

bilidad de la culpabilidad. Es indudable que será en la Medicatura Forense, donde, al hacer la Autopsia del cadáver podrá el médico forense dictaminar el momento de la defunción y la causa clínica de ella. Pero muchas veces la defunción es posterior al momento del agravio. Una persona puede permanecer durante horas herido grave, sin poder moverse, y fallecer a consecuencia de la carencia de asistencia. En estos casos es importante saber el momento de la agresión, mucho más que el de la muerte propiamente dicha, pues el victimario - tendrá que justificar lo que hacía, no en el momento de la muerte del occiso , sino en el momento de la agresión de1 mismo.

Esta es, indudablemente una tarea dificil para el pesquisa, ya que el tiempo es muy dificil de controlar y observar en circunstancias crimi- nales. De ahí, que la agilidad mental del pes- quisa puede ser determinante para desen-ma- rañar situaciones cumplidas de esta índole. Deberá valerse de todos los recursos dispo- nibles, como por ejemplo: Si en el momento del crimen hubo una pelea, ésta deberá haber dejado rastros visibles, y dentro de esos mismos rasgos visibles, tal vez existan algunos que permitan aproximarse al momento de su ocurrencia, por ejemplo, un líquido que se salió de su envase, y al analizarlo químicamente se descubra el momento de su liberación; una planta rota que ha segregado savia a través de la herida, lo que permitirá en algunos casos que el técnico biólogo descubra el tiempo de producción por la formación de compuestos químicos producto del contacto con el aire, etc.

Esta parte del trabajo del investigador es muy complicada, pues deberá saber qué es importante, y qué es lo que en realidad amerita ser enviado al laboratorio. Para ello es necesario que al menos tenga una primera hipótesis "a priori", que sin ser definitiva, al menos permita una aproximación. Indudablemente que el análisis químico, en los ejemplos antes mencionados no es precisamente lo más frecuente, ya que generalmente existen otras técnicas y otros recursos; pero hay momentos en que se hace necesario su empleo.

La metodología química es mucho menos empleada en Criminología, pues debido a que exigen muestras difíciles de obtener o de garantizar, en cantidad y calidad, con los indicios tomados en el lugar del crimen, de ordinario son ínfimos o muy adulterados. Además, destruyen o alteran las sustancias, ciertos tratamientos a los que son sometida. Existen numerosas aplicaciones en las que se mantienen irreemplazables, pero más en forma de microquímica, físicoquímica o electroquímica que en forma análitica clásica .

Simultáneamente con este trabajo, el pesquisa debe también descubrir la posibilidad de que haya habido alteración intencional en el lugar de los hechos, de los supuestos vestigios dejados por la víctima. Para ello, el detective, haciendo uso de su perspicacia, será capaz de darse cuenta de las falsedades que tratan de presentarse como realidades. Ejemplo: En una oportunidad se exhibió un film que representaba una escena de la época del gran Imperio Romano y todo estaba brillantemente ejecutado, salvo el hecho de que uno de los actores centrales, llevaba en una de sus muñecas un reloj pulsera que para la fecha de esa película no existía.

5.- ¿Con qué se realizó el hecho?. Con esta pregunta hay que tratar de descubrir, en caso de un homicidio, cual fué el arma u objeto empleado para la comisión del delito.

Con respecto a ésto hay numerosos tratados que describen en forma minuciosa todo tipo de instrumentos, sus formas, sus cualidades, las posibles lesiones que producen, etc.

FERNANDO HERRERA ÁLVAREZ

Como ejemplo podemos mencionar la existencia de un pequeño manual editado por el Ministerio de Justicia de Venezuela, el cual hace una
exhaustiva descripción y análisis de todos los
tipos de armas blancas que se conocen, las que
pueden ser utilizadas legalmente y las que están
proscritas por la ley. Pero es indudable, que
para el estudio del lugar del hecho, no es necesario tratar de profundidad este tema, sino simplemente sacar las relaciones lógicas entre estos elementos. En, este momento, queremos
recalcar la importancia del hecho de descubrir
el instrumento utilizado, sin pasar a describirlo,
pues ello sería parte de un estudio enmarcado
en otro tema diferente al del lugar del hecho. Sin
embargo, es imprescindible recordar en este
punto, todo lo encontrado, la forma en que ha
de ser manejado, la cual debe atender de
manera precisa a no borrar las huellas que

puedan aparecer en la cacha del revólver, en la empuñadura del arma blanca, o en cualquier otro componente del objeto o instrumento utilizado.

6.- ¿Cómo sucedió el hecho?. Esta pregunta involucra penetrar profundamente en los acontecimientos, haber avanzado bastante en el proceso de investigación, y tener, por lo tanto, al menos, una hipótesis concreta de lo ocurrido. Llegar a este punto difícilmente se logra con echar una simple ojeada al lugar, salvo que la situación se haya presentado en forma muy lógica, normal, que el delincuente no haya hecho ocultamiento de pruebas, etc. Un ejemplo, en el cual se llega inmediatamente a conocer cómo ocurrió algo, es cuando se puede hablar inmediatamente con testigos presenciales fidedignos y creíbles que hagan un relato de lo acontecido. Pero, lamentablemente, en la mayor parte de los casos, esto no ocurre, y el pesquisa policial deberá poner todo su esfuerzo e interés en resolver esta pregunta tan fundamental para aclarar el hecho.

7..- Una última pregunta que simboliza la última de las Reglas de oro del Pesquisa, es la siguiente: ¿Por qué sucedió el hecho?. ¿Fue Venganza?. ¿Interés monetario?. El por qué de los hechos está íntimamente ligado con la fase final, y que tiene mucho que ver con las medidas de tipo punitivo-legal que deban ser aplicadas finalmente. La causa del acontecimiento tendrá relevancia para saber aplicar la pena correspondiente al delito. Conocer si hubo premeditación, o si existen atenuantes o agravantes, serán determinantes en la calificación del delito y en la aplicación de la pena correspondiente.

Estas siete preguntas, de las que se ha tratado en las últimas páginas de este trabajo, presentes en la mente de un investigador competente, le ayudarán a llegar a la solución del caso, pues, primero que nada, significan un ordenamiento muy particular, una secuencia de trabajo importante, un autocontrol de la conducta detectivesca, que podría estar influenciada por factores anímicos producto de cada caso particular.

IV.- FACTORES LEGALES DE RELEVANCIA JURIDICA.

Al iniciarse una investigación, hay que tener en cuenta lo siguiente:

1- No todo el mundo está autorizado para realizar tal investigación. Para ello existe un órgano competente, que son las Policias Técnicas Judiciales de cada país o sus organismos auxiliares, tales como la Policia Uniformada, (Metropolitana, Tránsito, Militar, etc.).

2.- La movilización de un cadáver no puede ser hecha sin la presencia del órgano judicial. Este, a su vez deberá estar asesorado por expertos técnicos en la materia. Es el caso de la obligatoria presencia del médico forense. La alteración del lugar de los hechos no puede ser ejecutada si no hay una previa transcripción escrita de la situación original de los elementos que conforman el tal lugar. Esto se logra a través de la elaboración de un Acta, en el cual se hace la descripción detallada de la información recibida en el primer momento.

3.- La actuación de los órganos policiales y judiciales debe estar enmarcada dentro de los derechos asignados a los investigados por la Carta Fundamental de cada nación. Esto implica ser muy cuidadosos en cuanto a declaraciones, aprehensión de supuestos indiciados, etc.

Como ejemplos didácticos interesantes vamos a utilizar el derogado Código de Enjuiciamiento Criminal de Venezuela, que a pesar de no estar vigente en la actualidad presenta una gran compatibilidad con otros códigos de diferentes países.

a).- El artículo 115 del Código de Enjuiciamiento Criminal hace referencia a la importancia de establecer el Cuerpo del Delito y su comprobación, ya que en torno ha dicho cuerpo del delito va a girar el sumario, y en consecuencia todo el proceso penal que corresponda al hecho.

b).- Las actuaciones de los médicos-forenses, en la fase de instrucción de la causa, está enmarcada; en lo indicado en el Código de

Instrucción Médico Forense Venezolano, del 7 de Mayo de 1878.

c).- El art. 2 76 del Cód. de Enj. Criminal, regula la fuerza probatoria de los indicios encontrados en la investigación .

d).- El art. 119 del C.E.C. es el que autoriza a realizar las inspecciones oculares en caso de emergencia.

e).- El art. 116, del Cód. de Enj. Crim. Regula lo referente a rastros huellas, etc.

f).- De acuerdo con el art. 60, ord. 4° de la Constitución Nacional Venezolana en uso para la fecha de la vigencia del CEC que estamos usando como ejemplo, nadie puede ser obligado a prestar juramento o constreñido a rendir declaración o a reconocer culpabilidad en causa penal contra sí mismo, ni contra su cónyuge o la persona con quien haga vida marital, ni contra sus parientes dentro del cuarto grado de consanguinidad o segundo de afinidad.

g).- A su vez, los médicos, abogados, procuradores, sacerdotes, no están obligados a declarar sobre los hechos que descubran a través de la confianza que les dá ante el sujeto acusado en el ejercicio de su profesión. Art. 168 C.E.C.

h).- El art. 72 del C.E.C. regula los funcionarios instructores de la causa.

i).-Esta regulación es complementada con el Art. 74-A del mismo código.

El juicio ordinario en materia criminal comienza con un auto de proceder, (art. 90 C.E.C.).

k).- En el caso de una denuncia, a través del art. 95 del mismo código; a través de una acusación, art, 74 C.E.C.

FERNANDO HERRERA ÁLVAREZ

I).- Las diligencias tendientes a la comprobación de un hecho punible, están contempladas en el art. 71 C.E.C.

En realidad, el proceso de investigación judicial, tomado en forma detallada, y a través de su consecuente relación con la identificación del o de los culpables, guarda una relación directa o indirecta con numerosos artículos de numerosas legislaciones de nuestro país y de otros muchos países, por lo que su enumeración exhaustiva corresponde a un trabajo mucho más extenso que el programado para esta oportunidad. Sirva sin embargo, los ejemplos dados, para iniciar someramente y hacer referencia a esa base jurídica que rige todo proceso de investigación, el cual ya se manifiesta firmemente a través de los procedimientos a seguir en el mismo lugar del suceso.

V.- CONCLUSION.

De acuerdo con todo lo expresado en este breve trabajo referente al Lugar del Suceso, queda ampliamente establecido en el mismo la importancia que tiene el estudio detallado del sitio donde ha ocurrido un hecho delictivo. A su vez queda fuertemente aseverada la necesidad de que el pesquisa o detective posea cualidades óptimas que le permitan llevar a cabo la investigación en forma eficiente, De lo expuesto en el contexto, se deduce que un investigador no solamente debe tener buenos conocimientos técnicos, aprendidos minuciosamente a través del esfuerzo continuado de su escuela correspondiente, sino que también deberá poseer cualidades innatas que permitan deducir consecuencias lógicas que están más allá de una simple técnica policial. Por eso el Detective nato es un elemento Superior, de altas cualidades intelectuales y morales, de elevados conocimientos tecnológicos y de un indoblegado afán de Justicia.

FERNANDO HERRERA ÁLVAREZ

Nos hemos inspirado en este trabajo en la ya extinta Policia Técnica Judicial Venezolana, que durante el largo periodo de su existencia constituyó la mejor del mundo, como lo atestiguan infinidad de pruebas existentes. Estaba conformada, en su gran mayoría, por individuos de este calibre. Y es lógico que así sea, lo contrario significaría un resultado práctico totalmente opuesto, que no está acorde con la honrosa realidad que tenemos la oportunidad de observar a diario, cuando, los cuerpos judiciales que la sustituyeron con elevada frecuencia, desenmascaran casos casi imposibles de resolver siendo solucionados en tiempo record. Lamentablemente no todos nuestros organismos de protección ciudadana funcionan en la misma forma, y lo que en un alarde de perfeccionismo policial logra una Policia Técnica Judicial de cualquier país, es deshecho, destruido, impunemente en muchos casos, por otros órganos de la administración pública.

---oOo--

BIBLIOGRAFIA ESPECIFICA:

(1) **ESCALA ZERPA, Dr. Reinaldo.- "Curso de Investigación Policial". Ed. La Torre, Caracas.**

(2) **ESCALA ZERPA, Dr. Reinaldo.- "El Penalista". Introducción a la Balística. Ed. La Torre. Caracas.**

(3) **MINISTERIO DE JUSTICIA.- "Cartilla sobre Armas Blancas", Publicación de la Comisión de Prevención de la Delincuencia.**

FERNANDO HERRERA ÁLVAREZ

BIBLIOGRAFIA GENERAL.-

1 . - CODIGO ENJUICIAMIENTO CRIMINAL VENEZOLANO

2 . - CODIGO DE INSTRUCCION MEDICO-FORENSE

3 . - CODIGO PENAL VENEZOLANO

4 . - CONSTITUCION DE LA REPUB. DE VENEZUELA,1961

5 . - GIUGNI M., Humberto.- "Lecciones de Medicina Legal" Universidad de Carabobo, Ediciones del Rectorado,

6. - MALDONADO PARILLI, Jorge y ESCALA ZERPA, Reinaldo.-"La Criminología a través del Creyón". Instituto Privado de Detectives. Editorial Afrodisio Aguado, S.A., Caracas, Venezuela, Madrid, España. 1970, Primera ed.

7 . - MINISTERIO PUBLICO, "Segundo Cursillo de Capacitación Procesal para Funcionarios de Policía Judicial".- República de Venezuela, Fiscalía General de la República, Caracas, 1968.

8 . - OLIVEROS SIFONTES, Dimas.- "Manual de Criminalística", Preservación y manejo de las evidencias

físicas. Vol. II.-Monte Avila Editores. Colección Científica. Caracas.

9 . - VARGAS ALVARADO, Eduardo.- "Medicina Legal".- Lehmann Editores, Costa Rica, San José de Costa Rica, 2a. ed. 19 80.

FERNANDO HERRERA ÁLVAREZ

ÍNDICE

ESTUDIO COMPARATIVO ENTRE DOS DIFERENTES CONCEPTOS DE FRAUDE EN DERECHO, A LA LUZ DE DOS DIFERENTES ESTRATOS SOCIO-ECONÓMICO-CULTURALES

ENCUESTA Y ANÁLISIS

FERNANDO HERRERA ÁLVAREZ

INTRODUCCIÓN

En una reunión coloquial entre varios estudiosos del derecho y la sociología, se nos manifestó la inquietud de determinar las diferencias en el concepto del delito de fraude que tienen diferentes personas, en consideración a su situación social determinada. Como era algo que difícilmente pueda ser estudiado en algún texto conocido, se nos ocurrió actuar de experimentadores, y al efecto, cada uno de nosotros, debía realizar una encuesta, elaborada con los conocimientos propios de cada quien, para tratar de determinar qué respuestas obtendríamos en tal investigación. Como es obvio, por formar parte del grupo, también debí realizar mi propia investigación, la cual es la que expongo a continuación.

ESTUDIO COMPARATIVO ENTRE DOS DIFERENTES CONCEPTOS DE FRAUDE EN DERECHO, A LA LUZ DE DOS DIFERENTES ESTRATOS SOCIO-ECONÓMICO-CULTURALES

1,- FORMULACION DEL PROBLEMA

La Justicia, desde un punto de vista conceptual, ha de ser vista por las personas, de acuerdo con su propia experiencia. El nivel de conocimientos que tenga un individuo determinado, ha de permitir en mayor o menor grado, relacionar un hecho de tipo jurídico, con un mayor o menor logro del afán de justicia que todos llevamos dentro de nuestros propios ideales. La mayor o menor aproximación que se logre en corresponder dicho ideal con una conducta determinada en un momento preciso de nuestra existencia, permitirá que tengamos un concepto propio de nuestros propios conocimientos y expectativas, valga la redundancia, con fines de precisión explicativa} y es esa misma propiedad con que interpretamos una conducta jurídica dada, con la que también, comparándola con nuestra escala de valores, etiquetamos dicha conducta y le asignamos un adjetivo calificativo, ya sea el de justo, bueno, equitativo, razonable, malo, inadecuado, fraudulento, etc. De todos estos conceptos mencionados, nos ha llamado especialmente la atención, para este trabajo, el de "fraudulento", es decir, lo que la gente entiende por "fraude".

II,- OBJETIVO DE LA INVESTIGACIÓN

El objetivo principal y fundamental de esta investigación es el de determinar las posibles diferencias que puede haber entre lo que dos clases sociales totalmente diferentes entienden por "fraude" en términos de justicia. Esta diferencia debe ser más notoria a medida que aumenta la diferencia entre las dos clases sociales, por lo que es recomendable hacer el estudio entre aquellas que contengan algunas características opuestas entre sí.

III.- LIMITACIONES DEL ESTUDIO

Los parámetros que permiten determinar las limitaciones sustanciales de este proyecto, son:

a).- Reducción del tiempo de investigación a valores tan limitados que es prácticamente imposible efectuar un estudio exhaustivo del problema. Esta limitación tiene una razón lógica: Se realiza para cumplir con un compromiso no académico, sino únicamente de experimentación personal, careciendo de los recursos sufícientes para hacerla muy amplia.

b).- Un segundo factor qua incide, también de tipo temporal, es el del número de días y horas que pueden ser empleados en esta actividad, por estar siendo efectuada en tiempos no laborables, generalmente dedicados al solaz y esparcimiento del investigador.

c) Una tercera limitación está representada por la cierta dificultad que existe de lograr un acceso directo a una información considerada esencialmente de tipo privado, con el consecuente rechazo o indecisión por parte de los encuestados.

d} Otra limitación sustancial está dada por el espacie físico de algunos encuestados, como son: el difícil acceso a su área de trabajo, como es el caso de los agricultores; las trabas patronales en entrevistar a obreros dentro de el mismo trabajo; las dificultades da acceso a la oficina del personal ejecutivo, entrabadas por citas, secretarias, vigilantes, etc.

e) Finalmente es importante mencionar el factor de limitación que representa el tener que realizar el estudio con un pequeño número de casos, debido a la carencia de tiempo disponible mencionado en los apartes "a" y "b" "supra* mencionados.

IV.~ SINTESIS DEL PROYECTO:

a).- Seleccionar dos estratos socioeconó-mico-culturales de características opuestas, en dos áreas de actividad homogénea internamente y opuestas entre sí.

b).- Efectuar una encuesta previa, para determinar los puntos que recaban mayor inte-rés en los sujetos y que permitan, por ende, una mayor confiabilidad en la referencia de los da-tos informativos de cada caso.

c) Con los datos obtenidos a través de la aplicación del contenido del aparte anterior, ela-borar un instrumento de trabajo tipo encuesta, que permita acoplar la información, en la forma más fácil y eficiente posible.

d).- Analizar los datos obtenidos.

e).- Llegar a las conclusiones pertinentes, en base a la integración de la información obtenida a través de la ejecución de lo estipulado en los cuatro apartes antes indicados,

V.- CONSIDERACIONES TEÓRICAS DE INTERÉS PARA EL PROCESO. (Marco Teórico)

5.1.-Antecedentes.-

Desde tiempo inmemorial el hombre, como producto de sus instintos, especialmente el de conservación, ha realizado actividades en contra de sus semejantes. estas actividades fueron una veces realizadas en forma obligada, dada la necesidad de cubrir necesidades primarias impostergables, pero otras veces dichas actividades en contra de miembros de su misma especie, ha sido determinada, no para cubrir su necesidad primaria fundamental, sino para otras de base secundaria, como son la necesidad de lujo, placer y sofisticadas y variadas formas del uso de la riqueza.

Estas actividades en contra de nuestros semejantes eran y aún son llevadas a cabo a través de formas indirectas de agresión, dada la imposibilidad de utilizar medios directamente agresivos a la propiedad corro son el hurto o el robo.

De todos estos medios de arrebatar sofisticadamente la propiedad a otros, tal vez uno de los más difundidos ha sído siempre el de engañar. Y el engaño se ha llevado a cabo de muchas y muy variadas maneras. El engaño en una da sus forma más intelectualizadas es el llamado "fraude". Fraude que a la luz del Derecho reviste formas tan sutiles y delicadas que hay que ser un verdadero artista y técnico para coordinar acertadamente los numerosos pasos y situaciones que hay que dar y que se presentan en cada caso particular. No pecaremos de exagerados al decir que el fraude es toda una ciencia, una ciencia del mal, pero ciencia al fin y al cabo. Tiene como objeto el de apoderarse de los bienes del otro. Como metodología utiliza la aplicación organizada de todo aquello que lleva al contrario a la confusión y al error, utilizando toda clase de argucias y artificios, para que bajo la apariencia de algo correcto surja un resultado que favorezca injustamente a quien no le corresponde. Esto que se ha mencionado, ha ocurrido, indefectiblemente, a través de todos los tiempos, desde que el hombre existe como tal. Sin embargo, el proceso evolutivo socio-cultural, ha ido perfeccionando, lentamente, a través del tiempo, los mecanismos del engaño, es decir, del fraude.

Una vez que el hombre desarrolló el Derecho, como consecuencia lógica de su afán dé Justicia, que lo impulsó a ejercer la coacción para ejercer cabalmente el cumplimiento de la

norma que había establecido, el fraude se diri-
gió, esencialmente, a contravenir la norma en
forma soslayada y artera la mayor parte de las
veces. Hoy día, con el desarrollo sustancial del
Derecho Adjetivo, esta forma de fraude se hace
cada vez más y más especializada. Llegamos
finalmente al "Fraude Procesal", como lo más
refinado en irrespeto de los derechos de nuestros semejantes a través del aparente deseo de
cumplir la Justicia. Pero, así como la mayor o
menor facilidad de hacer a alguien víctima de
fraude, varia de acuerdo con el grado de instrucción y posibilidades de la víctima, así también, la forma de interpretar lo que es "fraude",
debe variar de acuerdo con los diferentes estratos socio-económicos que se consideren; una
clase pobre, desposeída, con pocos conocimientos técnicos, y conflictuada por su problemática económico-social, deberá tener un concepto diferente de lo que es fraude con respecto

a una clase instruida, más poderosa económicamente y con serios conflictos existenciales. Es precisamente, esa supuesta diferencia, la que ha llamado la atención en la propulsión inicial de esta investigación. Hasta qué punto es cierto, realmente, que tales diferencias se dan, es uno de les puntos que a la luz de la experimentación es conveniente dilucidar.

5.- BASES TEÓRICAS.-

Las bases fundamentales del "Fraude", en forma genérica, deberán buscarse en la problemática psicológica del individuo, que lo lleva a desarrollar en forma patológica el deseo no controlado de apropiarse de los bienes ajenos que no le corresponden, unidos a un fuerte temor, propio del instinto de conservación, que le impele a no enfrentar el peligro directo de la agresión o arrebato "in situ". Desde un punto de vista específico las bases teóricas podrán encontrarse en los pequeños o grandes defectos de la normativa vigente, que a través del aprovechamiento de las fallas existentes, tanto en el Derecho Adjetivo, como en el Sustantivo, abrirán la posibilidad de contravenir el ideal de Justicia que impulsa al Derecho, aprovechando, precisamente, los pequeños o grande defectos de ese mismo Derecho. Por otro lado, debe tenerse en cuenta el estudio de las leyes que se contravienen soslayadamente. De todas éstas, las que revisten mayor importancia, son las normas procedimentales de cualquier rama, ya sea civil, penal, administrativa, etc.

5.3.- DEFINICIÓN DE TÉRMINOS BÁSICOS.

DERECHO: Es la recta ordenación de las relaciones sociales, mediante un sistema racional de normas de conducta declaradas obligatorias por la autoridad competente, por considerarlas soluciones justas a los problemas surgidos de la realidad histórica. (Olaso).

FRAUDE En general: engaño, abuso, maniobra Inescrupulosa (Osorio). Es eludir con perjuicio de terceros o desconocimiento del derecho ajeno una disposición legal o cláusulas de un convenio.   (Bertrand, A.)

JUSTICIA: Es la voluntad firme y constante de dar a cada uno lo que le pertenece.

METODOLOGIA APLICADA:

1.-POBLACIÓN:

a) Clase Marginal, conformada por obreros asalariados no especializados, de bajo nivel de instrucción. Componentes de la Clase Socio-económico-social más desposeída de los elementos básicos que la nominan.

b).- Clase de elevados ingresos económicos y alto nivel de instrucción, conformada por ejecutivos, profesionales, comerciantes, como elementos constitutivos del Grupo socio-económico-cultural Alto (No Extremo).

2.- UBICACIÓN:

El área seleccionada para la investigación comprende la ciudad de Caracas, y las poblaciones .de Guarenas y Caucagua.

3.- MUESTRA:

Aún cuando estadísticamente hubiera sido deseable trabajar con una muestra mucho mayor y más representativa, en la cual deberían constar elementos de cada subgrupo Socio-económico-cultural. Este tipo de trabajo significa una inversión de tiempo imposible de realizar, dado el objetivo inmediato de esta investigación. Por tal circunstancia, y a sabiendas de que se están contraviniendo las mas elementales normas del muestreo, nos vemos obligados a utilizar como muestra los casos que habían sido considerados como premuestra para un estudio preliminar que permitiera posteriormente hacer una selección adecuada al estudio de campo iniciado. Explicados estos antecedentes, concluímos definiendo la muestra empleada como el conjunto de casos seleccionados al azar, de acuerdo a las facilidades de acceso y tiempo del investigador. Estos componentes muestrales han sido extraídos de individuos que en una u otra forma permitían facilidad de entrevista debido a algún contacto previo, ajeno a esta investigación, realizado en el pasado, especialmente en oficinas céntricas de la ciudad de Caracas; obreros de las fábricas ubicadas en el sector industrial de la población de Guarenas; y trabajadores agrícolas de la población de Caucagua, Edo. Miranda,

4.- DISEÑO: Encuesta presentada al azar entre sujetos ubicados dentro de los parámetros que permiten evaluar las clases sociales escogidas para la investigación (ver supra.

Muestra). Para ello se procede en la siguiente manera:

a.- Ubicarse en lugares en donde el personal activo pueda fácilmente ser catalogado como perteneciente a cada una de las clases en estudio.

b.-- Clase A; Formada por ejecutivos de empresas importantes, que al par que jefes sean accionistas.

1- Profesionales activos, de reconocida fama, que permita considerar que poseen un alto nivel de ingresos.

2.- Comerciantes importantes, ubicados en el control de su negocio,

c.- Clase B, formada por:

1.-) Agricultores de zonas rurales extraurbanas, de la zona correspondiente a Caucagua y sus alrededores.

2.-) Obreros de las áreas industriales de la población de Guarenas y alrededores.

5.- Técnica de recolección de la informa-ción:

Se ha de proceder a dirigirse espontánea-mente a cada uno de los sectores elegidos al azar, de acuerdo con las oportunidades del momento, y se procederá a:

a) Solicitar entrevista previa.

b) Explicar brevemente el motivo.

c) Presentar varias preguntas

d) Copiar las respuestas dadas,

e) Del material recabado se procederá a realizar una selección de aquellos que sean más claros en su contenido y que se acerquen lo más posible a la definición de fraude especificada "supra*.

6. - Instrumento utilizado: El instrumento utilizado fue el diseñado previamente como material de trabajo para el Estudio Piloto, que no fue llevado a cabo como tal, sino como In-vestígación definitiva, debido a las causas espe-cificadas ampliamente en la sección correspondiente a Limitaciones. Las preguntas del instrumento fueron las siguientes:

1.-) ¿Sabe usted qué es un fraude?.

2.-) Si aplicamos el concepto de fraude a lo jurídico. ¿Alguna vez ha sido usted objeto de engaño o fraude judicial?.

3..-) ¿Cuál ha sido e! engaño judicial o jurídico, del cual usted ha sido víctima y que considera como el más importante?.

Estas tres preguntas fueron aplicadas en la siguiente forma específica:

1.-) Se comenzó con la primera. Si la respuesta era No, se le leían los dos conceptos indicados en la parte de este trabajo denominada Términos Básicos, con respecto a "Fraude".

2.-) Si la respuesta era Si, se le preguntaba a su vez ¿Qué era fraude a su modo de ver?. Si la respuesta permitía deducir que realmente Si sabía tal definición, se pasaba a la siguiente:

3.-) Si la persona ponía dudas sobre la terminología empleada se le aclaraba, explicándole la relación entre jurídico, judicial, derecho y justicia, etc., de acuerdo con el contenido particular de cada conversación, hasta llegar a la convicción de que ya sabía a que se refería la encuesta.

4.-) Si la respuesta era negativa, se agradecía la entrevista y se suspendía la encuesta.

5.-) Si la respuesta era afirmativa, se pasaba a preguntar la tercera parte de la encuesta. La respuesta se apuntaba lo más exactamente posible, tomando con preferencia los datos significativos más importantes.

6.- Si la persona abrigaba algún temor sobre descubrir su identidad, le garantizábamos que solamente se utilizarían las iniciales. En dos casos particulares, inclusive, el encuestado solicitó que se alteraran las verdaderas iniciales, cosa que en fecto, se hizo.

VII.- RESUMEN DE LOS CASOS ESTUDIADOS

CASO NÚMERO 1.- Clase social Alta.

M. de J., casada, de 42 años de edad, de profesión sociólogo, propietaria y gerente de una agencia de publicidad ubicada al Este de la ciudad de Caracas. En 1976 había ganado una demanda por lesiones en accidente de tránsito. Inexplicablemente el Juez Superior invalidó la sentencia de primera instancia aduciendo falta de pruebas. Al revisar el expediente se observó que faltaban las declaraciones de los testigos y otros documentos. M. de J. considera que la engañaron, alterando la información que llegó al Juez Superior. No se explica verdaderamente qué pudo ocurrir, pero desaparecieron pruebas, testigos, y todo aquello que le permitía comprobar sus derechos, a pesar de que M. de J. fue la lesionada, y que no manejaba ningún vehículo en el momento del accidente, tuvo que pagar costas elevadas por haber perdido la demanda.

CASO N ÚMERO 2.- Clase social alta.

N. Z, de 63 años, ejecutivo industrial. Recuerda haber sido engañado varias veces. De todas ellas prefiere referir que en 1954 salió de fiador de M. J., amiga suya, quien iba a comprar un apartamento en Los Rosales. Dos años después, y ante los atrasos en los pagos de M. J., N. Z. decidió que en vez de cancelar las cuotas pendientes, lo haría por la totalidad y se lo daría en obsequio de amistad por ser el padrino del más reciente hijo de M. J. A tal efecto, encargó de tal gestión a un abogado amigo suyo, y viajó a los Estados Unidos, para hacerse cargo de la gerencia de una sucursal de la empresa financiera de su padre. Cinco años más tarde, al regresar a Venezuela, N. Z. descubrió que su comadre no solamente había perdido el apartamento, sino que el esposo de ésta había muerto en un enfrentamiento con el abogado a quien había dejado encargado del caso. En 1965, después de haber peleado judicialmente el fraude de que había sido objeto, obtuvo sentencia favorable, condenando a P. G. el abogado que lo engañó. Dicha sentencia fué apelada con igual resultado por parte del juez superior. N. Z. menciona que aunque ganó el caso, en el fondo perdió, pues siempre recuerda con tristeza el estado de indefensión en que quedó su amiga, al quedar desposeída del bien y morir su esposo como producto de su intento de defender los derechos que le correspondían.

CASO NÚMERO 3.-   Clase social alta.

A. N., de 39 años, actualmente comerciante, refiere que en 1974, a raiz de la muerte de su padre, se presentó un sujeto B. N. a reclamar parte de la herencia que les correspondía a su madre y a él mismo. B. N. pudo demostrar mediante cédula y partida de nacimiento su identidad. Dado que la herencia era cuantiosa, puso en manos de un abogado especialista las averiguaciones del caso. Se descubrió que hubo una inscripción en los registros de nacimientos que aparentaba ser legal, pero de la cual se podía deducir la falsedad a través de datos conocidos por la familia, pero que no podían ser demostrados, además, dicha inscripción, realizada en 1952, presentaba el inconveniente de que los libros estaban dañados, a tal punto que la firma presentaba emborronamientos suficientes para no poder precisar a través de un estudio técnico si pertenecía o no al difunto. El abogado de A. N. consideró que una demanda de nulidad de la partida demoraría mucho tiempo y significaría mucho esfuerzo, y además no había seguridad del dictamen judicial, se prefirió llegar a un acuerdo con B. N., quien se transó por una cantidad algo inferior a la que le hubiera correspondido legalmente. A. N., considera que fué un engaño muy bien preparado, primeramente por la madre de B.N. y posiblemente por éste mismo, en complicidad con otras personas, a lo largo de los años de la vida del reclamante, hasta llegar al punto de lograr dañar los libros de registro en una forma precisa sin llegar a hacerlos desaparecer, además de la presentación de varias copias certificadas de diferentes fechas, de la partida de nacimiento original, cedulación legal, etc.

CASO NÚMERO 4.- Clase social alta.

K. de F., de 33 años, casada, comerciante. En 1968 rué desposeída por su propio esposo de varias propiedades, las cuales le fueron vendidas sin autorización. Formaban parte del patrimonio heredado de sus progenitores, muertos en 1953. En 1972 obtuvo su divorcio, pero nunca recuperó los bienes. Tuvo, inclusive, que repartir como gananciales otras propiedades que ya tenía para el momento de su matrimonio. Considera que tanto el juez como el abogado se pusieron en su contra. En 1976 se casó nuevamente, pero esta vez procedió a realizar un inventario de bienes, lo que desagradó a su actual cónyuge, el cual estuvo muy próximo a rechazar el matrimonio al enterarse de tal trámite.

FERNANDO HERRERA ÁLVAREZ

CASO NÚMERO 5.- Clase social alta.

J. L. de 36 años, odontólogo, casado, en 1982, con ocasión de la muerte de su madre, recibió como herencia de esta, una parte mucho más pequeña de la que le correspondía. Considera que uno de sus hermanos, durante los últimos momentos de la vida de su progenitora, sacó grandes cantidades depositadas a plazo fijo, mediante una autorización presumiblemente lograda por engaño y firmada por la madre. Dice no haber recurrido a abogados por respeto a la memoria de su madre. Cono dato significativo menciona que el hermano que se apoderó de los bienes es abogado desde 1976.

CASO NÚMERO 6.- Clase social Baja.

C. B., de 46 años, agricultor de la población de Caucagua, refiere que en 1975 compró tres parcelas da terreno en Granjas de Tamanaco, entre Chaguaramas y Altagracia de

Orituco. El precio da la venta fué muy bajo, lo que le incitó a comprar en forma inmediata, conociendo la ubicación del terreno únicamente por el plano que le mostraron en una céntrica oficina de Caracas. La venta fué notariada. Al año siguiente, al presentarse en los terrenos descubrió que todos parecían estar cercados y rodeados por otras fincas cuyos pisatarios le impidieron el paso. Dichos ocupantes habían sido asignados por el I.A.N. a despecho del propietario original, el cual aparentemente había sido expropiado de los mismos sin recibir la retribución que le correspondía, lo cual hizo que vendiera en pequeñas fracciones tales terrenos, distribuyendo la propiedad entre algo más da mil personas, cada una de ellas en las mismas condiciones que C. B.   Al dirigirse al Registro Publico de Altagracia de Orituco, le fué rechazado el derecho a registrar los documentos notariados, aduciendo un plazo de espera para legalizar los mismos. En ningún momento le fué rechazada la documentación por falsa, pero ni podía disponer de sus tierras, ni tampoco podía registrarlas para hacer valer sus derechos frente a terceros. Solamente podía utilizarlas en contra del vendedor, y éste, a su vez, no había realizado nada ilegal, puesto que tenía los títulos de propiedad, registrados, de tales terrenos. La decisión del I.A.N., estaba como en el aire, sin una definición, y los únicos que se aprovechaban de ella eran los campesinos que habitaban tales tierras. C.B. considera que fué objeto de engaño por parte de todos, y no sólamente por el vendedor.

CASO NÚMERO 7.- Clase social baja.

A, de F., obrera, da 31 años. Desde hace siete años trabaja como operadora en una empresa ubicada en el sector Caucagüta, de la vieja carretera Petare-Guarenas. Todos los años, exactamente el 28 de noviembre, es despedida oficialmente y reenganchada "a prueba" durante los primeros quince días de diciembre, comenzando el nuevo lapso de trabajo, oficialmente, a partir del mes de enero. Considera que la engañan, pero no se atreve a quejarse ante ningún organismo, porque las compañeras suyas que lo han hecho han sido despedidas definitivamente. Considera que al menos tiene "trabajo seguro" y conocido.

CASO NÚMERO 8.-   Clase social baja.-

A. R., en 1972 recibió el encargo de cuidar un terreno ubicado en las proximidades de la hacienda Mesa de Urape, vía Higuerote. Como retribución por dicho trabajo de cuido recibió una parcela de terreno para su propio uso y disfrute, la cual podía considerar como suya; y a tal efecto le fué entregado un documento de propiedad, el cual nunca fué registrado por desconocimiento de A. R. En 1976, esta zona fué urbanizada como granjas recreacionales veraniegas, y fué expulsado so pretexto de realizar las obras de movimiento de tierras en el sector. Finalmente, cuando dichos trabajos concluyeron, espontáneamente se ubicó nuevamente en el mismo terreno que antes poseía. No habían pasado tres meses de tal acción, cuando fue expulsado por las autoridades de la zona, por petición del legítimo propietario del terreno, el cual lo había comprado de manos de la urbanizadora, inclusive, un año antes de realizar los trabajos de desforestación. Considera que fue engañado, abusando de él por desconocimiento de las leyes.

<u>CASO NÚMERO 9.-</u> Clase social baja.

F. J., obrero de 36 años, vecino de Guarenas, Estado Miranda, En 1982 compró un vehículo Ford Fairlane, modelo 1972, y lo canceló por cuotas, mediante varias letras de cambio. Posteriormente, en 1986, cuando se inició el proceso de matriculación permanente RAP, le fue rechazada la solicitud de inscripción, por no coincidir los datos de la planilla M3, con los suyos propios. Abierta la investigación resultó que el vehículo era robado y solicitado desde un mes antes de haber hecho la compra, Fue reintegrado a su propietario original, y solamente pudo salvarse de una acción penal como ladrón, porque el propietario creyó la veracidad de la compra del vehículo al ladrón y convino en no hacer la denuncia por su parte. Las letras de cambio canceladas no estaban respaldadas por ninguna factura, ni tampoco especificaban cual era el concepto, ni tampoco pudo ubicarse al vendedor. F.J., tal vez debido a su escaso grado de instrucción, considera que no fue solamente engañado por el ladrón que le vendió el vehículo, sino también por los demás que intervinieron, pues piensa que tuvieron bastante tiempo para descubrir el robo, y no "dejarlo para el último momento".

CASO NÚMERO 10.- Clase social baja.

FERNANDO HERRERA ÁLVAREZ

Z. M.,, de 36 años, obrera. En 1969 se unió en concubinato a J.R. Entre ambos fabrícaron una casa en el sector Las Clavellinas, de la población de Guarenas. En 1976, de mutuo acuerdo, y para aumentar los ingresos del grupo familiar, decidíeron alquilar dos habitaciones a un matrimonio con tres hijos ya mayores. En 1979, discutió seriamente con su concublno, y éste se marchó del lugar con sus objetos personales, como lo había hecho en dos ocasiones anteriormente, que no duraron más de unos días cada vez. Transcurrieron tres meses, y las personas que tenían alquiladas las dos habitaciones de su casa la presentaron copia de un documento, en el que constaba que la casa era suya desde 1977, el cual estaba, inclusive registrado en el Registro del Distrito Plaza. Aún cuando todavía vive en esa casa lo hace en calidad de inquilina, y se vé precisada a cancelar alquileres. Considera que fué engañada no solamente por su concubino, sino también por sus vecinos, quienes, a sabiendas de que la casa ya era de ellos, mantuvieron silencio, de acuerdo son J. R... aparentando que cancelaban alquileres.

VIII.- ANÁLISIS DE LOS DATOS.

Caso Número 1.-

Tránsito, penal y civil. Ganado en Primera Instancia, perdido en apelación. No fue elevado a la CSJ. Desaparición de documentos probatorios, con posible complicidad de diversas personas. Falta de comprensión cabal de los hechos. Clara injusticia con respecto a los resultados. Pérdida de bienes materiales y daño moral no retribuído.

Caso Número 2.-

Experiencia como víctima de fraudes. Mercantil y penal. Abuso de confianza de un profesional del Derecho. Sentencia favorable al actor. Daños morales y materiales retribuídos. Total comprensión de los hechos. Resultado justo. Sensación de insatisfacción, pese al resultado positivo.

Caso Número 3.

Familiar y Sucesorio. Fraude en documentos. Resuelto por transacción sin llegar a la vía judicial. Comprensión cabal de los hechos. Clara injusticia, respecto a los resultados. Pérdida de bienes materiales. Sensación de insatisfacción.

Caso número 4.-

Civil y Sucesorio, Familiar. Clara comprensión de los hechos. Injusticia respecto a los resultados. Sentencia desfavorable al actor. Pérdida de bienes materiales. No apelado. Sensación de insatisfacción. Convencimiento del engaño.

Caso número 5.-

Sucesorio, mercantil. Documentos falseados. Abuso de confianza en un profesional del Derecho. Igualmente, Abuso de confianza de un familiar. Total comprensión de los hechos. Resultado Injusto. Aprovechamiento de una situación moral. No llevado por vía judicial. Sensación de insatisfacción.

Caso Número 6.-

Ausencia de comprensión de la situación original. Comprensión posterior del hecho. No llevado por vía judicial. Mercantil. Situación falseada con documentos legales. Resultado injusto. Pérdida de bienes materiales. Sensación de insatisfacción.

Caso número 7.-

Laboral. Comprensión total de la situación. No llevado por vía judicial. Resultado injusto. Pérdida de la expectativa de mejor retribución. Sentimiento de impotencia frente al hecho. Sensación de insatisfacción.

Caso número 8.-

Agrario. Documentos ilegalizados. Falta de comprensión de la situación. Resultado Injusto. Aprovechamiento de falta de instrucción legal. No llevado por vía judicial. Situación falseada con documentos aparentemente legales. Pérdida de bienes materiales. Insatisfacción. Sensación de impotencia.

Caso número 9.-

Tránsito, Mercantil, Penal. Documentos falseados. Incomprensión de los hechos. Resultado injusto. Aprovechamiento de la falta de instrucción. No llevado por la vía judicial. Pérdida de bienes materiales. Sensación de insatisfacción. Impotencia por la situación.

Caso Número 10.-

Familiar e Inquilinario. Documentos legales falseados. Comprensión de los hechos. Resultado Injusto. No llevado por vía judicial. Pérdida de bienes materiales. Aprovechamiento de la falta de instrucción. Sensación de insatisfacción. Impotencia ante la situación.

IX.- RESUMEN ANALÍTICO:

Clase Alta:

Mercantil: 1 caso

Tránsito: 1 caso

Penal: 2 casos

Civil: 2 casos

FERNANDO HERRERA ÁLVAREZ

Familiar: 2 casos

Sucesorio: 3 casos

Clase Alta:

Mercantil: 2 casos

Laboral: 1 caso

Agrario: 1 caso

Tránsito: 1 caso

Penal: 1 caso

Familiar: 1 caso

Inquilinario: 1 caso.

	Clase Alta	Clase Baja
Dificultades documentales:	2	4
Llevado por vía judicial:	3	0
Comprensión de los hechos:	4	2
Incomprens. De los hechos:	1	3
Injusticia en los resultados:	4	5

Pérdida de bienes material.: 4   5

Abuso de Abogados: 2   0

Sentencias favorables: 1 de 3   0 de 0

Sensación insatisfacción: 5   5

Sensación de Impotencia: 0   3

X.- CONCLUSIONES:

De acuerdo con los datos clasificados y analizados hasta ahora puede llegarse a algunas previas consideraciones, que en algunos casos por guardar clara contradicción por lo esperado por la lógica social manejada en diversas disciplinas, no deben ser tomadas to-talmente como verdaderas, sino simplemente crear cierta inquietud que permita, sobre esos puntos específicos realizar investigaciones más extensas que sobrepasen los estrechos limites de la presente.

1.- Los problemas de documentación son más frecuentes en la clase baja que en la alta.

2.- La probabilidad de intentar solucionar los problemas por vía judicial son muy elevados en la ciase alta y casi inexistentes en la clase baja

3.- La comprensión de los hechos que llevan a situaciones determinadas son más frecuentes en la ciase alta que en la baja, donde la incomprensión es notoriamente menor.

4.- La injusticia con respecto a los resultados es muy elevada en la clase alta *y* total en la baja.

5.- La pérdida de bienes es frecuente 4 a 5 en la clase alta, mientras que en la baja, se observa en la totalidad, de los casos.

6.- El abuso de los profesionales del derecho es mayor entre la clase alta que entre la baja. (?)

7.- Las sentencias favorables, en caso de fraude son muy inferiores en número a las desfavorables, para la clase alta. El riesgo se reduce en la clase baja porque ni siquiera intenta la vía judicial.

8- La sensación de insatisfacción tanto en la clase alta como en la baja, es similar, alcanzando la totalidad de los casos considerados.

9- La sensación de impotencia es casi nula en la clase alta, pero muy elevada en la clase baja.

10.- Los casos de verdaderos fraudes procesales son prácticamente inexistentes en los casos considerados, con excepción de ciertas suposiciones aventuradas que puedan hacerse sobre la forma como se llevaron a efecto algunos de los de la clase alta.

11.- En general se observa que tanto en las clases alta como baja, no existe un verdadero conocimiento de lo que es un fraude procesal, y los casos se refieren mayoritariamente a fraudes en su concepto más amplio.

12.- En todo lo anteriormente expuesto se observa, que aunque la clase alta está ligeramente más defendida ante el fraude que la baja, la proporción es abrumadoramente mayor en ambas clases, de casos que no son resueltos favorablemente, de donde se deduce que:

13.- El fraude produce pérdidas materiales y total desagrado, tanto a la clase alta como a la baja.

14.- El fraude procesal verdadero, aunque lo haya, pasa desapercibido a los ojos de la víctima, por desconocimiento de las normas que lo sustentan soslayadamente. De aquí se deduce que el fraude procesal es sólo materia para los estudiosos del Derecho, y que habría que alertar a la población en general para que pudieran sustraerse a sus efectos, lo cual es prácticamente imposible.

XI.- RECOMENDACIONES.-

Dado que este pequeño trabajo de investigación, considerado inicialmente como estudio piloto únicamente, por razones de recursos, ha sido tomado como proyecto de investigación, se recomienda que los resultados se tomen con el propósito inicial, y sirvan para desarrollar una verdadera y profunda investigación que permita aclarar alguna de las incógnitas que este estudio deja a la luz, como por ejemplo:

1.- ¿Es cierto, como este estudio deja entrever, que tanto la clase alta como la baja se encuentran totalmente indefensos ante el fraude, ya sea procesal o de cualquier tipo?.

2.- Si se comprueba que esto es cierto, ¿qué podría hacerse para proteger a la población de una contingencia de esta índole?.

Si estas dos preguntas logran sus respuestas alguna vez, nos sentiremos plenamente complacidos de haber contribuído con este pequeño esfuerzo, a dilucidar alguno de los grandes problemas de nuestra Justicia Social.

---oOo---

XII.- BIBLIOGRAFIA:

1.- ANDER-EGG. "introducción a las Técnicas de Investigación Social". Buenos Aires, 1976, 5a ed. Ed. Humanitas. 336 ps.

2.- BERTRARD PERDOMO, Andrés.- "Diccionario Jurídico".- Ediciones Tacairigua, Caracas, 1982.

3.- CALVO BACA, Emilio "La Tesis Universitaria y las Fichas de Investigación". Caracas, 1983. Ed. Venediciones. 1a. ed.

4.- CASTRO, Luis.- "Diseño Experimental sin Estadística". Ed. Trillas, México, 1577, 2a. ed. 242 ps.

5.- HARDYCK, Curtís y PETRINOVICH, Lewis F.- "Investigación en Ciencias Sociales". Ed. Interamericana, México 1977.

6.- McGuigan, F.J.- "Psicología Experimental". Enfoque Metodológico. Editorial Trillas, México, 1978, 2a. ed. en esp. 460 ps.

7.- MONSALVE, Tulio,- "Guía de Metodología Operacional". UCV, Caracas, 1978, 88 ps.

8.-MORLES, Víctor.- "Planeamiento y Análisis de Investigaciones". Fac. de Humanidades y Educ. UCV, Caracas, 1976, 118 ps.

9.- OLASO. Luis María.- "Introducción al Derecho".- Tomo I. Ed. Corporación Marca, Caracas, 4a. ed. Rev. 506 ps.

10.- OSSORIO, Manuel.- "Diccionario de Ciencias Jurídicas y Político-Sociales".- Ed, Heliasta, Viamonts, Argentina, 1981.

11.- RODRIGUEZ, Nacarid.- "Introducción al Diseño de Experimentos". Ed. de la Fac. de Humanidades y Educación, UCV, Caracas, 1978. 1a. ed. 150 pgs.

12.- SORIANO, Graciela. "Manual de Técnicas de Investigación" Contexto editores. Caracas, 1978.- 1a. ed., 103 págs.

---OoO---

ÍNDICE DEL PROYECTO

FERNANDO HERRERA ÁLVAREZ

---oOo---

ENSAYO SOBRE EL MEDIO AMBIENTE. UTÓPICO PROYECTO PARA PROTEGERLO.

ENSAYO SOBRE EL MEDIO AMBIENTE. UTÓPICO PROYECTO PARA PROTEGERLO.

Proteger el ambiente y los recursos naturales, en las actuales circunstancias, representa una necesidad tan vital, que el no seguimiento de las normas más elementales que impidan su deterioro, significa para nosotros la diferencia entre la vida y la muerte.

En las últimas décadas, la destrucción del medio ambiente ha cobrado características tales, que estamos comenzando a sumergirnos en el inmenso pozo de la catástrofe, de donde, si no salimos a tiempo, jamás lograremos surgir.

Prueba evidente de lo que está ocurriendo, puede manifestarse mediante los siguientes asertos:

a).- Destrucción de la atmósfera, mediante la contaminación producida por los gases exhalados por los vehículos de tracción mecánica, los desechos gaseosos de las industrias, y la acción contaminante de los grandes incendios, al destruir grandes cantidades de oxígeno.

b).- Contaminación ambiental sonora: El exceso de ruidos, tales como los provocados por conductores insensatos, portadores de automóviles sin tubo de escape, motocicletas manejadas por dementes o desadaptados sociales, vehículos aéreos atravesando las ciudades, ruidos incontrolados en las áreas de trabajo; poca mesura en el uso de artefactos electrónicos productores de sonido, tales como tocadiscos, radios, televisores.

c).- Contaminación de las aguas potables, mediante el uso de cloacas desviadas hacia los ríos.

d).- Ocultamiento de desperdicios industriales de todo tipo, inclusive radiactivos, en las áreas marítimas.

Consecuencias directas hacia los recursos naturales:

e).- A consecuencia de la eliminación de sustancias tóxicas en el lecho de los ríos y los mares, están siendo exterminadas numerosas especies, tanto animales como vegetales, en situación no recuperable. Esta destrucción afecta también el plancton marítimo, que traerá como consecuencia, en muy pocos años, convertir los mares en desiertos estériles, sin ningún tipo de vida en ellos.

f).- La tala y quema de bosques, elimina las posibilidades de vida para la fauna, decrementa la flora, y convierte los lugares en áridas estepas soleadas y carentes de agua.

Consecuencias directas hacia el ser humano:

g).- El exceso de ruidos afecta su salud mental.

h).- La eliminación de las especies, deteriora cada vez más la capacidad humana para conseguir el sustento.

i).- El uso indiscriminado de los recursos naturales no renovables, convertirá el hábitat de nuestros descendientes en áreas de mutación y destrucción de la especie.

Este proceso, a pesar de lo grave, ya está en marcha, y en una etapa muy avanzada. Las enfermedades de todo tipo ya están comenzando a asolar nuestros pueblos; la debilidad de las especies se está acentuando. Sin darnos cuenta estamos inmersos en una cloaca putrefacta, dentro de la cual nos estamos asfixiando; ejemplo de ello lo tenemos en las playas.

En los presentes momentos el ser humano está superviviendo a fuerza de drogas, cosa que ya de por sí misma representa una contaminación. Estamos envueltos en un círculo vicioso, en el cual, a cada vuelta que damos, nos sentimos más débiles y más incapacitados para luchar con el ambiente. El placer más puro que podía sentir un ser humano, como por ejemplo, situarse en lo alto de una montaña, silenciosa, respirando bocanadas de aire limpio, ante un espectáculo de majestad natural, prácticamente no existe. Así caminemos centenares de kilómetros, la atmósfera estará contaminada con gases venenosos, así penetremos en alta mar, las aguas serán putrefactas y malolientes. En cualquier lugar que tratemos de encontrar refugio, los ruidos producidos por un radio o tocadiscos nos enloquecerá. La música suave y agradable de tiempos idos, se ha contaminado con los ruidos enloquecedores de la alienación. La transmisión constante de estupideces, a través de los medios de comunicación existentes, ya sean radio, televisión, la prensa, revistas y libros, es realmente alarmante; ya es muy dificil seleccionar un buen programa musical o de información, una buena película, leer algo sustancioso en un diario, u obtener un buen libro; la gran mayoría están contaminados.

Ante esta situación extrema, en la cual las circunstancias han adquirido características tan avanzadas, sólo queda un recurso extremo: Unión radical y efectiva de todos los paises del planeta, para en forma organizada, reglamentar la vida y la actitud del ser humano.

FERNANDO HERRERA ÁLVAREZ

Lograr lo antes mencionado es algo realmente dificil. Dificil porque la especie humana
está demente, y el demente difícilmente se dá
cuenta que lo está. A pesar de ello, y a pesar
de que tenemos conciencia de la gran dificultad
por unificar actitudes a nivel mundial, debe in-
tentarse, al menos a nivel nacional, lo cual a su
vez también representa una gran dificultad.

En el caso específico de nuestro país,
una auténtica renovación de la reglamentación
protectora del ambiente y recursos naturales, se
enfrentaría necesariamente a una larga serie de
intereses de todo tipo, manejados generalmente
por las clases poderosas. Sin embargo, y a pesar de ello, haremos algunas recomendaciones,
que a nuestro criterio serían eficaces para salvaguardar el porvenir de nuestros hijos.

a).- Organizar un gran sistema de transporte colectivo, de funcionamiento eléctrico, tal

como tranvías, subterráneos tipo metro. Este sistema debe estar dotado de unas directrices responsables que garanticen su correcto y metódico funcionamiento.

b).- Eliminación de los permisos de tránsito, en vehículos de combustible líquido dentro de las ciudades.

c).- Creación de una vasta red de ferrocarriles, tanto para uso de pasajeros como para carga. Esto eliminaría la necesidad del tránsito pesado por carreteras, y la afluencia de vehículos particulares para fines de recreo o transporte individual.

d).- Creación de áreas industriales, en zonas en donde la eliminación de residuos pueda ser efectuada sin contaminar las aguas.

e).- Hacer un estudio exhaustivo de las formas particulares de reducir la emisión de residuos contaminantes atmosféricos por parte de las industrias. Crear nuevos mecanismos de eliminación de tóxicos, tanto químicos como instrumentales, tales como sustancias neutralizadoras, filtros, etc. Suspender los permisos de construcción, (aún los oficiales), en las ciudades de mayor densidad demográfica.

g).- En las zonas de desarrollo, no afectadas por lo anteriormente expuesto, permitir la construcción de edificios, a razón de un metro cuadrado por cada cinco de área verde.

h).- Obligar a los propietarios de terrenos a sembrar árboles y especies vegetales en las áreas destinadas a zona verde, entre las construcciones. No permitir su deterioro.

i).- Obligar a los propietarios de tierras no urbanizadas, a sembrar sus posesiones, reglamentando los productos a desarrollar, y obligando a cumplir un mínimun de objetivos. Pueden crearse mecanismos legales de tipo judicial, que obliguen a cumplir estos decretos.

j) Permitir, y aún facilitar, el uso indiscriminado de vehículos a tracción humana, animal o eléctrica. Facilitar la creación de nuevos modelos ligeros, tales como bicicletas para transportar dos y tres personas.

k) Hasta que el desarrollo de este nuevo sistema no haya permitido crear medios de comunicación efectivos, para ser empleados en casos de verdaderas emergencias, permitir únicamente el uso de vehículos con combustible químico, en los siguientes casos:

1).- Transporte urgente de heridos, (ambulancias).

2).- Solución de emergencias tales como incendios, inundaciones, etc.

3).- Transporte de alimentos, en gran escala, cuando éste no pueda ser hecho en los sistemas de comunicación establecidos anteriormente. Esta movilización debe ser hecha mediante la obtención de permisos especiales de ida y vuelta, con fecha y hora. Puede crearse un sistema de computación capaz de organizar este complejo sistema.

4.- Únicamente en casos en que se requiera la llegada urgente de personal capacitado para cumplir un servicio. Ejemplos:

4.1-Transporte policial de emergencia, tal como el que se requiere para llegar a tiempo en caso de un atraco, etc. No deben incluirse en estas emergencias, casos tales como:

4.2- Llevar a un jefe de un lugar a otro.

4.3- Reclutar conscriptos.

4.4- Hacer redadas.

4.5- Labores de investigación policial.

4.6-Transporte de personal, no emergente.

4.7- Permitir la reparación de líneas eléctricas suspendidas por accidente no previsto.

4.8- Permitir la llegada a lugares claves del personal técnico capacitado que permita mantener sin interrupción un servicio público de primer orden.

Como podemos observar, esta reglamentación es algo compleja y amerita estudios muy profundos, por personas honestas, y en las circunstancias mismas del caso. No puede generalizarse demasiado.

5).- Todas las consideraciones anteriores obligarían a utilizar vehículos sin combustible químico, para usos tales como reparto de mercancías, inclusive alimentos, transporte personal para fines de deporte, recreo o llegada al trabajo, el hogar, etc. Una de las principales consecuencias sería observar las ciudades prácticamente libres de vehículos contaminantes de la atmósfera y productores de accidentes viales, para dar paso a un enorme sistema de transporte humano, mediante el uso de bicicleas, pequeños automóviles eléctricos, tranvías impulsados por corriente eléctrica, etc.

1).- Crear los medios suficientes para desarrollar fuentes energéticas solares y eólicas.

m).- Reglamentar el uso de radios, tocadiscos, televisores, etc. no permitiendo su uso en lugares frecuentados por más personas, sino mediante la aplicación de audífonos.

n).- Establecer medidas de control que no permitan elevar los volúmenes sonoros, dentro de los límites prescritos por el sentido común, en casos de fiestas, reuniones, etc.

ñ).- Prohibir la propaganda radiada y televisada; ésto obligaría a crear nuevos sistemas de propaganda, en los cuales las personas tendrían que acostumbrarse a leer más y en forma más personal.

o).- Para evitar la contaminación social, deben establecerse mecanismos de control de calidad de los mensajes escritos, entre los cuales debe darse primordial importancia a:

1.- Contexto del mensaje en sí, que no contenga ideas agresivas, forjadoras de hábitos nocivos, tales como fumar, beber, etc. Controlar el lenguaje, con la finalidad de contribuir a un eficiente aprendizaje idiomático.

2.- Dar preferencia a los programas de tipo cultural, mediante la aplicación de normas eliminadoras o creadoras de impuestos, etc.

p).- Creación de mecanismos que permitan proteger las especies animales y vegetales beneficiosas, y contribuyan a su vez a la eliminación de aquellas que se haya demostrado fehacientemente que son dañinas, tales como ratas, cucarachas, moscas, mosquitos, etc.

q) Aplicación de penas severas a los delincuentes culpables de incendios forestales o de otro tipo.

r) Aplicación de esas mismas medidas a todos aquellos que en una u otra forman ejerzan acción contaminante de ríos, mares, atmósfera, etc.

s) Creación de amplios programas de gobierno que contribuyan a recuperar las zonas desiertas, mediante la fabricación de represas, siembra de especies, protección y desarrollo de lo existente, etc.

Estamos seguros que la utilización de todas estas normas, tendrían como resultado, a muy corto plazo, el mejoramiento del ambiente y la protección de los recursos naturales, tanto renovables como no renovables. Sin embargo, reconocemos que ésto es casi una utopía. ¡Ojalá que al menos se decrete una de ellas¡.

---oOo---

FERNANDO HERRERA ÁLVAREZ

TRATAMIENTO DE LAS

DESVIACIONES

SOCIALES

TRATAMIENTO D E LAS DESVIACIONES SOCIALES

La ambivalencia social en el tratamiento de la desviación, está dada por una serie de circunstancias, entre las cuales podemos mencionar:

a.- El delincuente es tratado como tal, por un conjunto de individuos que supuestamente dá un castigo por no haber cumplido una norma social. Para que un individuo sea tratado como delincuente, debe ser atrapado "in fraganti", es decir, debe ser una persona que no haya sido capaz de establecer los mecanismos de defensa suficientes para que los demás individuos que le rodean no captasen su actitud. Desde Este punto de vista hemos de hacer dos asertos:

1.- Es delincuente aquel que se deja coger "infraganti", por lo tanto el que sabe protegerse "no es delincuente"

2.- Si el individuo que no es capaz de pensar en la forma como establecer mecanis-do, es delincuente, ésto implica que el delincuente, por si mismo es un individuo de inferior capacidad intelectual que la de sus aprehensores. Luego, mediante ésto, delincuente es: "el individuo menos inteligente", los "vivos" no son delincuentes.

b.- Cuando se obtiene el cargo de juez, la forma de comportarse de tal individuo, generalmente no deja lugar a sospechas, desde el punto de vista legal; luego la decisión que tome, sea justa o injusta, es acogida con beneplácito.

Si unimos los dos supuestos especificados en los apartes a y b, es muy fácil hacer el siguiente enunciado: "Un individuo es delincuente, si otro más vivo que él hace ver a la sociedad que el primero es tal y el segundo es honesto."

Vemos que aquí hay una interacción entre la habilidad de uno y de otro.

De la parte b) nos sale otro enunciado. "Para no ser delincuente, y gozar de los máximos beneficios que nos otorga la sociedad, debemos primero haber descubierto que alguien que nos rodea es delincuente y haberlo denunciado, contribuyendo a su aprehensión".

Aplicando los dos enunciados anteriores, cualquier individuo puede desarrollar actividades delictivas, sin que sea acusado de delincuente, siempre que se cumpla el contexto enunciativo antedicho.

Es obvio, que lo que hemos escrito anteriormente está hecho con tinte sarcástico, pero ¿acaso no es verdad, en la vida real, lo que hemos dicho, medio en broma?.

Sabemos positivamente que muchos de los llamados delincuentes, han comenzado su carrera por el "delito" de tener hambre; y otros muchos más, por no complacer las exigencias de los delincuentes de "cuello blanco" que tanto abundan en nuestra corrompida sociedad. La mafia, por no ir muy lejos, enreda a sus miembros, a veces con la cosa más banal, tal como un supuesto anillo robado, y lo lleva hasta el asesinato en masa.

Si el delincuente de hoy, cuando fué presionado por las circunstancias, hubiera podido reclamar justicia a tiempo, no se habría visto inmerso en el mar de crimen que l o agobia. Pero lamentablemente, el que debe iniciarse en la carrera del mal, generalmente, nunca puede recurrir a la justicia, pues la justicia no existe para aquel que no tenga recomendaciones, influencias, o mucho dinero.

Así, en esta forma, nuestra sociedad capitalista, fabrica delincuentes, porque los necesita. Si no hubiera tales, no podrían existir a su vez los opulentos, los "honestos", los "perdonavidas". Una sociedad como la nuestra, en donde l o que impera son los intereses económicos, para poder supervivir necesita de individuos que mantengan el supremo status. Y l a forma única que conocemos de que ellos puedan existir, es parasitando simultáneamente a millares de sub-estimados que les nutran con la savia de su esfuerzo y su sacrificio.

Aunque el tema se presta a escribir numerosos tratados, creemos, que para cumplir los objetivos de este pequeño ensayo, será sufíciente, con concluir, que la forma más manifiesta de ambivalencia en la delincuencia, es precisamente, no saber quién es el verdadero delincuente, pues las normas de nuestra sociedad los fabrican, de acuerdo a sus mezquinos intereses de clase.

---oOo---

FERNANDO HERRERA ÁLVAREZ

ALGUNOS AVANCES PSICOLÓGICOS DE FINES DEL SIGLO XX, PRECURSORES DE LOS ACTUALES ADELANTOS DEL SIGLO XXI.

ALGUNOS AVANCES PSICOLÓGICOS DE FINES DEL SIGLO XX, PRECURSORES DE LOS ACTUALES ADELANTOS DEL SIGLO XXI.

El presente es un resumen de numerosos estudios realizados durante los últimos decenios del siglo pasado.

Dada la gran variedad de los temas tratados en las diversas investigaciones, las cuales, a través de diversos países y fechas, que abarcan temas tales como Técnicas de Condicionamiento Operante, Filogénesis del Pensamiento Humano, Problemas Técnicos de la Estructura Social, hasta Planificación del Ambiente, Prevención de Enfermedades Psiquiátricas y muchos otros más, que intentamos resumir en el presente trabajo, nos hemos visto obligados a hacer una especie de selección de los mismos, haciendo especial hincapié en aquellos temas que se relacionan en una forma más explícita con la materia que reclama prioritariamente nuestra atención en este momento, es decir, hemos seleccionado aquello que concierne a las diferentes formas de relajación y sus consecuencias en la personalidad de quien la practica, ya sea consciente o inconscientemente.

Hemos procurado en lo posible, mantener un orden original respecto a las fechas de las diferentes investigaciones y la experimentación consecuente, portadora de nuevos y más amplios conocimientos. Además, dada la necesidad de realizar un resumen y no una descripción textual de los compendios editados mayoritariamente en idiomas inglés y francés, nos hemos visto en la ineludible obligación de tomar únicamente lo más importante, de todo aquello que ha llegado a nuestro conocimientos, ya sea a través de la lectura de revistas especializadas, libros de texto, conferencias, u otras fuentes de información menos confiables como las periodísticas o de programas televisivos, sin por eso menospreciar el resto del contenido, el cual indudablemente es digno de estudiarse y analizarse en todo detalle.

La Sociedad Moderna funciona sobre el principio de que el crecimiento económico firme y sólido debe ser mantenido "ad infinitum". Muy rara vez nos preguntamos el precio físico y mental que pagamos por esta evolución económica.

Un gran número de estudios epidemiológicos, también como experimentos psicofisiológicos y psicoendocrinológicos, durante las tres últimas décadas nos sugieren que las influencias ambientales originadas en esas sociedades urbanas altamente industrializadas del mundo moderno, son de significación obviamente patogénica.

Un disturbio de las relaciones entre el hombre y su medio puede engendrar emociones desagradables y a su vez puede estimular acciones de varias clases. Así la ansiedad, el miedo, la cólera, la soledad, tristeza y melancolía, pueden alterar las relaciones del hombre con su medio ambiente. Como consecuencia puede desarrollar el hambre, la sed, la fatiga, insomnio, sensaciones de excesivo calor o frío, e inclusive dolor resultante de los disturbios corporales.

Desde los tiempos de Pasteur hasta la fecha, los innovadores médicos han estado preocupados con la necesidad de establecer cuáles son las causas para todo proceso de enfermedad. Tal situación ha contribuido a menospreciar la influencia del sistema nervioso en cualquier experiencia de tipo nocivo. Se ha prestado demasiada importancia a factores de tipo orgánico y genético, en detrimento de las causas psíquicas que indiscutiblemente intervienen en todo proceso letal.

Un experimento que se ha denominado Condicionamiento Pavloniano y Operante. Técnicas en el estudio de las relaciones biológicas y psicosociales, nos ha introducido algo en la problemática de lo enunciado anteriormente. Los mayores esfuerzos en el laboratorio han estado dirigidos hacia la elucidación de la interacción entre el medio ambiente y los factores genéticos, en la respuesta de los más altos organismos, en condiciones de repetidas situaciones de estrés. Para este propósito se han utilizado las técnicas del condicionamiento clásico y operante en varias crías de perros, midiendo simultáneamente un número de parámetros de índole conductual, neuroendocrina y bioquímica.

El condicionamiento operante con reforzamiento electrocutáneo es equivalente a una situación de problema sin solución. En esta situación se provocó frustración, ansiedad y - manifestaciones neuróticas. Este tratamiento se combinó con el de otro grupo, al cual también se le aplicó reforzamiento electrocutáneo, mediante el paradigma operante de evitación. Fueron observadas diferencias notorias en las reacciones psicoviscerales de ambos grupos. Algunas de estas diferencias fueron las siguentes:

Los dos perros exhibieron marcadas y estables diferencias individuales en la respuesta renal al estrés psicológico asociado con el desarrollo de los reflejos motores de defensa pavlonianos. Algunos perros mostraron persistente e intensa antidiuresis, mientras que otros perros no exhibieron antidiuresis psicogénica.

2.- Dentro de los grupos de perros antidiuréticos fué observada una dicotomía entre las condiciones de respuesta renal, la cual exhibía

una marcada generalización y una gran dificultad para la extinción, mientras que las respuestas de defensa motoras eran fácilmente extin-
guidas. A este fenómeno se le ha denominado
"Somatodicotomía visceral'", el cual guarda una
cerrada relación con los estudios denominados
"Principio de Esquizokinesis".

3.- El condicionamiento pavloniano "per
se", trae una secuela de respuestas de antidiuresis, salivación, taquicardia e hipernea. Los
resultados finales del experimento parecen indicar

a.- Una interacción de factores psicoam-
bientales y genéticos.

b.- Concurrencia en las mediciones de
muchos parámetros de índole fisiológica, neuro-
endocrína y bioquímica, como una primera
aproximación a la elucidación de los patrones
de respuesta adaptativa al estrés psicológico.

c.- Una comparación de respuestas que penetran en el conocimiento del estrés psicológico crónico.

d.- Una verificación de las diferencias entre los resultados del sometimiento a situaciones de evitación y no evitación de los estímulos dados.

La anterior experimentación intimida a los futuros investigadores a utilizar una numerosa gama de especies animales que permitan hacer una generalización de los efectos del estrés sobre los individuos en las más variadas y amplias situaciones.

Un curioso experimento el cual se ha denominado "aproximaciones experimentales en un estudio de la conducta humana" con relación a las funciones neuroendocrinas, considera que algunas situaciones de estrés típicas de la vida en la moderna sociedad pueden ser simuladas en el laboratorio con una razonable analogía con la realidad.

Los experimentos de laboratorio, de este tipo, permiten estudiar las reacciones de estrés mediante métodos cuantitativos y mediante condiciones variadas en forma sistemática.

La exposición a estímulos dolorosos o desagradables, tales como choques eléctricos, representa un ejemplo de situación experimental en la cual la intensidad y la duración de los estímulos pueden ser sistemáticamente variados. Similarmente, el efecto de las drogas sobre el sistema nervioso central, provee útiles herramientas para una variación sistemática de los efectos y situaciones que involucren reac-cionar en estado despierto o consciente.

Un aspecto de la experimentación implementada tuvo lugar en la medición de la excreción de estecolaminas en diferentes situaciones controladas. Estas mediciones fueron obtenidas en 40 sujetos bajo las situaciones contrastantes de inactividad por anticipación e inactividad por relajación.

Durante el período de anticipación el sujeto fué aislado en una cámara a prueba de sonidos, con un diseño experimental que evitara las situaciones de evocación de sentimientos de inseguridad y expectación. Cada cambio o alteración en su ritmo cardíaco era cuidadosamente registrado, mientras que en forma automática recibía un choque eléctrico. Las descargas eran dadas siguiendo patrones ya establecidos de antemano.

En el período de relajación, el sujeto gastaba su tiempo leyendo revistas. Esta situación se prolongaba hasta que el individuo se ambientaba con la situación de laboratorio acostumbrándose a ella, lo cual ocurría después de repetidas visitas, durante las cuales se cuidaba rigurosamente de eliminar los estímulos que causaran perturbación. Los resultados fueron los siguientes:

a).- En la situación de relajación los valores de Adrenalina y Noradrenalina alcanzaron a 4 y 16 respectivamente.

b).- En las condiciones de anticipación estos mismos valores fueron: Adrenalina 11, Noradrenalina 19.

Es obvio que estos resultados demuestran en forma clara y notoria que durante la situación de relajación hay una gran disminución de la actividad excretora de adrenalina, mientras que la de noradrenalina es apenas diferente y mucho más elevada que la anterior.

Este mismo experimento fué realizado en las condiciones de Inactividad y Trabajo Mental. Se obtuvieron valores más bajos de catecolaminas en la situación de inactividad que en la de trabajo mental, lo cual demuestra al nivel dé actividad metabólica del organismo en situación de trabajo mental, contrariamente a lo que podría suponerse. No hay pues equiparación entre las situaciones de inactividad y trabajo mental.

Este mismo tipo de medición se ha efectuado en situaciones muy diferentes, tales como Inseguridad y Control situacional y siempre con resultados característicos, es decir, la emisión de la hormona activadora se reduce notablemente en todas las situaciones de contraste emocional.

Cierto trabajo denominado Epidemiología, Sociedad, Enfermedad y Estrés, fue realizado con el propósito de establecer que los estímulos psicosociales son los causantes de la enfermedad. Dada la imposibilidad de contestar esta incógnita, al menos nos hemos limitado a permitir observaciones experimentales que promueven a hacer algunas sugerencias de indiscutible valor.

Las consideraciones teóricas están basadas en el hecho de que el modo de adaptación natural a los cambios, depende de la supervivencia de los factores genéticos hereditarios. Este proceso es lento y cruel. Opera en términos de miles de años, y mediante enfermedades que causan esterilidad, o que matan antes de efectuarse la reproducción. Este proceso es el responsable de nuestra evolución desde que la especie humana no existía prácticamente como tal y era en esencia un animal arbóreo, muy diferente de nuestra actual conformación.

Aparentemente, en los actuales momentos, la adaptación genética ha tenido un notable decremento de su anterior importancia. El motivo sustancial es la adaptación sociológica, la cual está ocupando el primer lugar primordial de nuestra evolución.

Hagamos las siguientes definiciones:

EPIDEMIOLOGÍA: Es la ciencia que estudia las enfermedades, consideradas dentro de grupos de individuos.

SOCEDAD: Es una organización de individuos, capaz de proveer alguna competencia de tipo convencional entre sus miembros.

ESTRÉS: Es el estado psicológico que prepara al organismo para una acción específica. Es el síndrome general que provoca la adaptación consecuente.

ENFERMEDAD: Es la disfunción mental o somática básicamente causante de incapacidad, dolor o temor.

Puesto que no es posible disociar la sociología de la epidemiología, ambas disciplinas han contribuido con ideas muy particulares sobre el estrés y la enfermedad.

Dentro del contexto de esta ideología se postula una Teoría del Estrés Social y la Enfermedad. El principio general de esta teoría es que la incongruencia social incrementa la enfermedad o al menos la posibilidad de su presentación.

Se ha elaborado una tabla de eventos de la vida, en la cual se ordenan de mayor a menor las situaciones de la vida diaria que son capaces de producir un estrés suficiente para provocar o incrementar la posibilidad de una enfermedad. Ellos son de mayor a menor: Muerte del cónyuge, divorcio, separación marital, prisión, muerte de un miembro de la familia, daño personal o enfermedad, matrimonio, etc. A cada uno de estos ítems se le ha asignado un valor que adquiere el máximo: 100 para el primero, y va decreciendo con la importancia del suceso.

Las mejores condiciones de vida del individuo; dentro de su medio, contribuyen a la eliminación o disminución del estrés psicosocial, y por ende a la reducción y eliminación de la enfermedad. En la medida en que la sociedad haya, evolucionado hasta un nivel determinado, en esa misma medida los beneficios de la reducción de las consecuencias estresantes serán sustanciales.

En definitiva, el objeto de este análisis es el de hacer referencia a las posibilidades, de experimentación, más que a los experimentos realizados en sí mismos. En la actualidad no existen hipótesis absolutamente valederas, pero presumimos que si es posible intentar algunas en la forma más realista posible. Bajo estas circunstancias la epidemiología experimental, usando las disciplinas de la bioquímica, etiología, matemáticas, fisiología, psicología, sociología y otras afines, puede ayudar a reemplazar el lento y cruel método de la selección natural. Si este nuevo método ha de ser mucho más rápido, también deberemos estar seguros de que será mucho más humano y más práctico.

Debemos atacar firmemente la seria dificultad de aclarar en forma definitiva los diversos significados del término estrés asociado con el de enfermedad.

El término estrés ha sido utilizado para significar una serie de agentes ambientales los cuales perturban su estructura y función. El uso del término estrés es totalmente diferente de unos a otros autores, de acuerdo a la orientación de cada uno de ellos.

Desde nuestro particular punto de vista, una de las características fundamentales del estrés (o emoción) como concepto, es que se refiere a las relaciones entre un organismo y su medio. Así, un estímulo no cae bajo la rúbrica de estrés, hasta que dicho estímulo, posiblemente asociado con otros, adquiere unas características determinadas que lo convierten en tal.

Estas y otras numerosas consideraciones sobre estrés constituyen el análisis bastante exhaustivo que hemos realizado posteriormente, y del cual nos hemos limitado a resumir en líneas generales la idea principal genérica de tales teorías..

La Filogénesis del pensamiento humano. considera que la evolución cultural es mucho más rápida que la lenta evolución biológica, cosa que ya conocemos, y proseguimos comparando los cambios ocurridos en los templos griegos y romanos hasta los últimos estilos Góticos, con los cambios estructurales ocurridos en el esqueleto de los individuos.

Durante los últimos cien años la evolución cultural ha completado totalmente la exploración de todo el globo terrestre. Algunas de las más importantes realizaciones han sido:

1).- Se ha incrementado rápidamente la comunicación en unos diez millones de veces.

2).- Se ha incrementado la tasa de viajes en un centenar de veces.

3).- Se ha incrementado la velocidad de las operaciones de computación en un millón de veces. (Pensamos que con esa elevada cifra aún nos quedamos cortos).

4).- Se ha incrementado la utilización de nuestras fuentes de energía en al menos un millar de veces.

5).- Incremento del poder de las armas en un millón de veces.

6).- Incremento en las posibilidades de controlar las enfermedades en unas cien veces.

Es obvio que estas cifras crean enormes problemas de adaptación, tanto para los individuos como para los grupos. Por lo tanto, nuevas ciencias han debido ser desarrolladas para distribuir los problemas de esta situación.

Por su parte la naturaleza, por sí misma, proveyendo a cada especie de diferentes elementos, ha dotado a los diferentes tipos de animales de un cerebro de muy diferentes características. El cerebro humano no goza de un lugar privilegiado en cuanto a características tales como peso y circunvoluciones, tal como quisiéramos orgullosamente propagar. La complejidad del cerebro de una ballena, supera en mucho la del nuestro. Así como el cerebro humano alcanza 1,4 kilogramos de peso, el de la ballena supera los 9 kgs..Hasta el delfín posee un cerebro mayor, el cual alcanza los 1,7 kgs. Vemos pues, que si la elevada capacidad lograda por nuestra especie no se debe en sí a las características de su cerebro únicamente, debemos deducir que las sustanciales diferencias entre otras especies tienen un factor social de ineludible importancia.

Si comparamos las características del cerebro del delfín con las del nuestro, realmente quedaremos asombrados, y nos veremos en la ineludible necesidad de meditar sobre el asunto:

En la actualidad la corteza cerebral del delfín está siendo mapeada. Este animal posee una corteza acústica muy superior a la nuestra y corresponde aproximadamente a nuestras áreas visuales. La corteza motora en el hombre parece ser más grande que en el delfín, pero este último posee "mayor área cortical dedicada a los más altos procesos cerebrales".

El cerebro del delfín es capaz de recibir 40.000.000 de piezas de información en un segundo, por las vías auditivas, mientras que nosotros sólo alcanzamos los 2.000.000, ésto se debe a que el delfín posee 115.000 fibras neuronales acústicas que se dirigen al cerebro, mientras que nosotros sólo poseemos 50.000. Sin embargo visualmente somos muy superiores a este animal y somos capaces de captar una información visual mucho mayor que la del delfín.

Al continuar haciendo un amplio análisis comparativo los diferentes cerebros comprarados con el nuestro, en dicho análisis verificamos la firme convicción de que el hombre no puede resolver sus dificultades referentes a los problemas de adaptación con suficiente dignidad a menos que pueda adquirir un completo conocimiento de su totalidad biológica. El Homo sapiens se ha vuelto prácticamente una especie dominada por otras formas de vida. Posiblemente algunos animales tienen mucho que enseñarnos. Es factible que algunos de ellos sean superiores a nosotros en algunos aspectos que nosotros en este momento ni remotamente imaginamos.

Los estudios de los desastres naturales, tales como fuegos, inundacíones, huracanes y demás, los cuales hemos sufrido después de la Segunda Guerra Mundial contribuyeron a obtener una gran cantidad de información sobre el estudio de la conducta bajo los efectos del estrés.

El organismo, como un sistema abierto, debe obtener sus fuentes de energía del medio ambiente y procede por lo tanto a realizar la manipulación apropiada a través de recursos mecánicos y químicos. La necesidad de aprovechar las fuentes de energía para mantener su propia integridad incluye:

1.- La estructura y función de sus varias partes.

2.- Su organización como un sistema integrado.

3.- Los continuos ajustes para cambiar el medio ambiente.

El hombre es un animal social que vive en una cultura humana. Desde su más temprano desarrollo se ha adaptado a la vida inmersa en un ambiente sociocultural definido. Desde su concepción y durante su desarrollo en el útero materno se convirtió en un ente perteneciente al grupo o subgrupo cultural, el primero de los cuales es la familia en la cual nació. Saliendo de este pequeño grupo entra en una familia más extensa formada por el vecindario, la escuela, etc. La familia en la cual ha nacido usualmente determina por su propia posición cultural, el próximo subgrupo en el cual se va ha iniciar, y así sucesivamente,

2.- Nuestros presentes conceptos de condicionamiento y aprendizaje difieren de las nociones previas, porque la realización de un rol que implique gratificación está regulado por la corteza límbica, la cual interviene en este proceso. La gratificación o la frustración determinan mucho que los patrones de conducta sean adquiridos más temprana o fácilmente o más tardía o difícilmente. El condicionamiento y el aprendizaje no son simplemente un proceso de impresión o de la asociación de un estimulo condicionado o incondicionado. Hay también un significado emocional de la recompensa o el castigo.

3.- Los cambios en las condiciones de aprendizaje son mayores en algunas culturas que en otras. En las culturas occidentales el período de educación es realizado en forma muy difícil por lo complicado y frecuentemente contradictorio de las reglas y costumbres, las cuales prevalecen en ciertas subculturas.

4,- Algunos grupos sociales son fuertemente coherentes. Los miembros se comunican principalmente por señales de amor, cooperación y soporte; en otros grupos, la rivalidad, el conflicto y la agresión reinan más abiertamente. En algunos otros grupos, y este es el caso más frecuente, en nuestra cultura occidental, hay un cierto equilibrio dinámico, el cual establece ciertas reglas y símbolos de conducta que mantienen una homeóstasis entre los sentimientos contrastantes, actitudes e intenciones de los subgrupos o individuos miembros. En cada grupo la homeóstasis está determinada y mantenida por un sistema de retroalimentación, en el cual ciertos patrones de conducta de los miembros regulan las relaciones de los unos con los otros.

5.- En este punto debemos proponer algunas definiciones:

a.- CONDUCTA: Es la actividad integrada (total) del organismo intacto, tal como la actividad muscular visible y su conducta interna, como la actividad humoral y visceral.

b.- AGRESIÓN: es una forma de conducta humana y animal dirigida hacia otro animal o grupo, usualmente da la misma especie, encaminado a instaurar una situación de sumisión o a infligir un daño.

c.- FRUSTRACIÓN: Es una condición en la cual un animal o humano es impedido, en una situación que consideraba segura, de actuar de acuerdo a su criterio y con unos patrones de conducta adecuados a tal situación.

d.- GRATIFICACIÓN: Es la condición en la cual el animal o el humano, en una situación específica, obtiene una ganancia o beneficio que le satisface de acuerdo a sus patrones de conducta.

e.- RECOMPENSA: Es un estimulo administrado a los órganos de los sentidos, los cuales dan al animal o al humano una agradable sensación, (gratificación).

f.- CASTIGO: Es un estímulo administrado a los órganos de los sentidos, los cuales dan al animal o al humano una sensación desagradable.

g.- ESTRÉS: Es un cambio en la situación interna o externa (ambiente) del organismo, de tal intensidad o duración que requiere del tal organismo una adaptación (defensa) más que la usual por medio de los mecanismos que mantienen su homeóstasis.

h.- ENFERMEDAD: Congenita, adquirida o combinada, es el resultado de una reacción interna y/o externa que produce daño. La enfermedad puede ser considerada como una forma de conducta del organismo, parcialmente adaptativa, parcialmente defensiva hacia un estrés, el cual ha dañado o ha intentado dañar su homeóstasis con el medio.

Desde otro punto de vista, podemos Indicar fundamentalmente que la nueva ciencia y tecnología de variadas clases se volverá más disponible en el futuro. Importantes y urgentes problemas tales como la polución de nuestro medio ambiente no han sido realmente tratados con interés. Nuestro futuro científico y potencial tecnológico será vastamente muy superior a lo hasta ahora conocido. Hay algunas espantosas posibilidades tales como el concepto de una guerra nuclear total a algún tipo de guerra biológica que exterminaría una gran parte de nuestras actuales especies, la sociedad inhumana computarizada, virtualmente completará la destrucción del hombre. Los horrores biológicos y un futuro control de la mente, inclusive reconstruyendo individuos similares a nuestro Homo Sapiens, lo cual ya está en vigencia en los actuales procesos de clonación, está de acuerdo con los planeamientos de los actuales científicos. Una más poderosa y versátil ciencia y tecnologías se hacen necesarias para fundar las bases de una nueva sociedad. Una condición necesaria para obtener nuevos y mejores resultados es que hagamos los mayores esfuerzos por mejorar las condiciones de vida para el ser humano y no basándose en los actuales criterios de un mayor rendimiento en los presentes criterios de eficiencia.

El individuo, la ciudad y el estrés, nos permite sintetizar en parte alguno de estos temas, comenzando a indicar que una ciudad es una solución a muchas necesidades culturales, económicas y sociales, pero para satisfacer estas necesidades el individuo depende de variados artefactos, tales como ropa y otros implementos. El hecho de que los individuos se agrupen en racimos de individuos, en apretadas comunidades urbanas, refleja la expectación de que muchos problemas técnicos deberán ser resueltos. En las relaciones entre los individuos y la ciudad, también intentamos analizar la influencia recíproca ambiental que pueda prevalecer. No hay aún nada más que algunos datos limitados, los cuales se basan en la descripción de como la ciudad física afecta al ser humano. Los esfuerzos y contratiempos experimentados por el individuo, probablemente derivan primariamente del actual proceso de urbanización y de los cambios en el medio ambiente físico en áreas rurales y urbanas producido por la ingeniería (en el sentido más amplio) que ha puesto al servicio de la sociedad los más sofisticados avances científicos y tecnológicos.

Como consecuencia indirecta de lo anteriormente dicho, surge un proceso de Alienación y Salud Mental en el moderno ambiente industrial.

Dos importantes aspectos psicológicos de la tarea de organización y empleo, contenidos e identificados en los procesos industriales de producción en masa, son:

1.- La libertad del trabajador y su control.

2.- El nivel de calificación requerido.

Una medición general de la estructura del trabajo, basada en esas dimensiones, está construída, conjuntamente con un sistema de pagos que relaciona diferentes aspectos de la alienación del trabajo y la salud mental.

La emoción y la cognición han sido vistas como un fenómeno psicológico incompatible y contradictorio. No obstante, nosotros creemos que el resurgimiento de un énfasis cognitivo en psicología, el cual vea al hombre y los animales infrahumanos como procesadores de información y como evaluadores de su destino y también como una sofisticada incrementación del rol biológico y los factores culturales, ayudarían a restaurar el concepto de emoción al centro de atención de la psicología.

Otro tema de gran interés, tratado por diversos investigadores es el referente a la exposición a un medio ambiente extremo. Durante su largo desarrollo el hombre se ha adaptado a la vida en muchos diferentes tipos de ambiente. Esta adaptación es el cambio a través del cual, el hombre, al igual que todos los otros organismos vivos, se sobrepone a los desafíos de la vida, y ello ocurre en las siguientes tres maneras:

1.- A través de la selección de genotipos.

2.- Por modificación ontogenética.

3.- A través de las respuestas fisiológicas y conductuales a las influencias del ambiente. Dentro de estas consideraciones generales, se han hecho amplios experimentos e investigaciones en áreas diversas. Por ejemplo:

A) Algunas características del medio ambiente espacial desde el punto de vista fisiológico. Las propiedades y complejidades del espacio extraterrestre para la exploración humana, han sido extensamente documentadas y revisadas en la literatura durante las dos últimas décadas. Como un impactante ejemplo de la multidisciplinaria naturaleza de la aventura espacial del ser humano, una tabla, publicada en 1964 pone en lista cerca de 180 disciplinas, ramas o subramas de la ciencia y de la tecnología en la cual está directamente envuelta o al menos guarda alguna relación con los vuelos espaciales. El volumen de factores biológicos y médicos, los cuales son pertinentes a dichos vuelos espaciales puede ser esquematizado bajo los siguientes encabezamientos:

1.- Exposición a factores mecánicos. Por ejemplo, vibraciones y estrés gravitacional, incluyendo el aumento y reducción de la gravedad a valores muy diversos.

2.- Falta de la sustancial atmósfera terrestre, necesaria para la vida, lo cual implica el uso de compartimentos herméticamente cerrados, asi como áreas aisladas de la interacción espacial, que signifiquen un sistema ecológico similar al humano terrestre.

3.- Pérdida del filtraje y protección de la atmósfera terrestres, resultando de un incremento en la exposición a varias clases de radiaciones espaciales, ionizaciones y no-ionizaciones, además de los riesgos de sufrir impactos por parte de los meteoritos.

4.- Problemas de alimentación y fuentes de agua y el consumo aquella disponible.

5.- Efectos psicofisiológicos y problemas debidos a los cambios de los patrones de estimulación de los órganos de los sentidos.

6.- Factores físicos del estrés.

B.- Algunas consecuencias fisiológicas de la rotación en una estación espacial.

C.- Consecuencias de la rápida y explosiva descomprensión de una cabina espacial.

D.- Confinamiento, aislamiento y depriva-
ción sensorial.

E.- Ritmos fisiológicos y el ciclo día-
noche en el espacio.

F.- Problemas visuales en el espacio.

G.- Factores, que combinados, producen
estrés en el medio ambiente espacial.

El análisis de los datos de un número de
enfermedades, hace evidente que varias sobre-
cargas del sistema nervioso, las cuales estén
asociadas con varios choques emocionales, y
emociones negativas, están íntimamente conec-
tados con la presentación de algunas patolo-
gías, o con la agravación de las ya existentes.

Cambios en los alrededores del espacio
circunscrito al uso de un mono, por ejemplo,
contribuyen a provocar disturbios en la forma
normal de vida, tanto en dichos disturbios, propiamente dichos, como en las relaciones sociales, y estereotipos diurnos de luz y alimenta-

ción, además de otras diferentes reacciones conflictivas, causantes de violentas reacciones negativas, las cuales no pueden ser resueltas naturalmente, resultan en un desarrollo de neurosis en tales simios, tales como Hipertensión, insuficiencia coronaria, infartos al miocardio, etc. son desarrollados como resultado del experimento inductor de neurosis.

Los temas tratados en este pequeño ensayo, tal como mencionamos con anterioridad, representan una pequeña parte de la experimentación realizado en las últimas décadas del siglo pasado. Es indudable, que al presente, las investigaciones están mucho más avanzadas, pero es lógico deducir, que sin esta primera fase investigativa, jamás habríamos alcanzado los logros del presente.

---oOo---

ALGUNOS CONCEPTOS

SOBRE CONCIENCIA

FERNANDO HERRERA ÁLVAREZ

ALGUNOS CONCEPTOS
SOBRE CONCIENCIA

Hablar do Conciencia y definirla es la tarea más ardua que pueda iniciar un ser humano, ¿Cómo definir aquello que no podemos ver, pero que sentirnos dentro de nosotros; y cómo sabremos si esa definición es correcta, si no la podemos comparar con ese mismo sentimiento percibido por otros seres de nuestra especie?. Sin embargo, y a pesar de todo, tal vez sea éste uno de los temas que más han apasionado a la Humanidad; y por lo tanto, seguramente, es uno de los más estudiados desde todos los puntos de vista.

A nosotros, debido a nuestra condición de científicos, nos interesa analizar el tema únicamente desde el punto de vista netamente de la ciencia. Pero hay algo más: la ciencia es muy extensa, sus ramas son infinitas, por lo que podríamos hacer este estudio desde infinitos puntos de referencia diferentes.

La tarea que nos hemos propuesto en esta oportunidad no aspira abarcar lo imposible, únicamente trataremos la conciencia desde el punto de vista biológico, aunque a su vez, en el fondo, es casi imposible separar la biología de otros campos del conocimiento humano, tales como el físico, químico o matemático... pero dejemos las divagaciones, y empecemos.

Una de tantas definiciones de conciencia es considerarla como un fenómeno psíquico que se presenta como consecuencia de la actividad del cerebro durante la práctica y la experiencia que el ser humano tiene en relación con el medio que lo rodea. Desde este punto de vista, la conciencia sería, por lo tanto, algo que no existe en el momento de la procreación, y que se desarrolla a partir de todas y cada una de las experiencias por las que pasamos, las cuales, al ser almacenadas en ese depósito orgánico llamado cerebro, van conformándose como un todo, capaz de ejercer funciones directrices sobre los órganos que lo sustentan.

Desde un punto de vista Gestalt, la conciencia, denominada Yo, según los moldes freudianos, es toda la información que maneja el sistema nervioso; desde las representaciones neuronales de los objetos externos, hasta las órdenes de activación eferente, que dan lugar a la conducta manifiesta, es decir, que dado el hecho de que la información está incluída en todas y cada una de las partes de nuestro cerebro, ese Yo, o Conciencia, es por lo tanto, un producto derivado de la activación total del mismo. Claro está que podemos objetar que no es posible la actividad consciente si el organismo no tiene la base suficiente para sustentar esa actividad, la cual es en todo momento un producto de la interacción medio-organismo.

Podríamos, "ad infinitum", seguir ampliando la concepción básica de conciencia, pero para ello, creemos que un concepto desarrollado por nosotros mismos, podría dilucidar algunas ideas definitorias más avanzadas. Aunque, en apariencia, nuestras ideas pudieran ser incompatibles con la realidad actual, las expondremos, a riesgo de crear en el lector impresiones poco favorables hacia tales teorías.

En los experimentos hechos por nosotros mismos, en los cuales hemos tratado reiteradamente de recordar hechos del pasado, intentando acercarnos lo más posible a las etapas de la niñez, y aún, de la primera infancia, hemos experimentado siempre el recuerdo firme de un estado de conciencia seguro en todo momento, es decir, el niño, a pesar de su notoria falta de experiencia y conocimientos, según el criterio del adulto al respecto, cree en todo momento que se encuentra en una condición de sabiduría casi total. Cuando habla, cree hacerlo con el más sofisticado de los lenguajes, empleando las más finas y elegantes palabras, emitidas en la forma más perfecta, aún cuando el adulto que le escucha en ese momento, se

dé cuenta de su balbuceo, su falta de conocimientos y su escaso aprendizaje. Prueba
de ello sería el haber conservado textos escritos en forma novelesca durante la niñez,
los cuales, en la oportunidad en que fueron
redactados parecían al niño obras de arte, y
que luego, al revisarlos en la adultez, reco-
noce como algo totalmente inservible.

Si esta experiencia se hace con re-
cuerdos de etapas aún más primitivas, el
estado de conciencia total persiste, aunque
se observe que hay ciertas variantes en lo
que representa ese estado en sí mismo. Así
como durante la adultez, la plena conciencia
se toma en base a la seguridad de poseer un
caudal de experiencia almacenada, que
involucra conocimientos, una sensación de
seguridad, al sentirse capaz de utilizar esos
conocimientos, y un estado de euforia ca-

racterizado por el placer de saberse capaz de seguir almacenando más y más conocimientos producto del aprendizaje, en las etapas anteriores varían sustancialmente los valores. A los cinco años de edad, el niño se siente capaz de hacer todo, el temor a la lejanía se pierde, pues piensa que su vida será infinita, el concepto que se tiene de la muerte es sumamente generalizado, pero comprendido muy vagamente, sin prestarle la atención que se tiene de tal cosa en la adultez; el mundo para él es más restringido, pero mucho más vivo. En edades aún anteriores a la descrita, el individuo, en su pensamiento, se desborda en situaciones incomprensibles para el adulto, como por ejemplo: se siente rodeado de un mundo donde las percepciones tienen un sentido diferente, mundos de ondas, vibraciones, coloridos, movimientos espirales, todos ellos adquiriendo un valor importantísimo durante esa época; valor que no seríamos capaces de otorgarle en el presente, aún deseándolo.

Si nos remontamos aún más allá, a la época en que necesariamente deberíamos estar en la cuna, con los primeros balbuceos del lenguaje, aunque ya con la poca precisión de la distancia temporal, somos capaces de sentir, aunque en forma aislada, la rememoranza de un estado tal, en el cual, el mundo que nos rodea es cada vez más y más restringido en objetos pero cada vez más amplio en sensaciones abstractas del tipo ondulatorio antes mencionado. El mundo del color supera al del sonido con amplio margen, aunque por un momento da la impresión de haber perdido el contacto con ese color, quedando únicamente la imagen en blanco y negro, turbia, cada vez más turbia, pero teniendo la conciencia de que aquello significaba mucho más para nosotros. ¡Quién sabe, si ese recuerdo se remonte al mismo momento de la concepción!. Lamentablemente, la técnica empleada por nosotros no es lo suficientemente precisa para delimitar cronológicamente las etapas. Tal vez, practicantes de ciertas técnicas, algo oscuras, como el yoga, puedan ayudar en este análisis.

En cualquier forma, lo que nos interesa de todo esto es tener la plena seguridad de que el ser humano, tal vez desde el momento en que nace, o aún más, desde que es concebido, posee un estado de conciencia tal, que le permite considerarse autosuficiente para vivir, y aún cuando en un determinado momento no tenga el aprendizaje suficiente para saber lo que es conocimiento, instintivamente, se siente rico en esos conocimientos, aunque de un tipo que va variando, progresivamente, durante el desarrollo de la vida. Alguna vez nos hemos puesto a pensar si ese estado de conciencia de la primera infancia tendrá algún punto de contacto o relación con aquellos estados que después, en la adultez, se hacen tan difíciles de lograr, tales como el telepático, haciendo inconscientemente en esas etapas, lo que posteriormente el medio va destruyendo lentamente, o mejor dicho, va cambiando progresivamente.

Todo lo dicho anteriormente tiene necesariamente que desembocar en una conclusión: el estado de conciencia seguramente es transmitido en su forma primitiva a través del ADN cromosómico; esta pequeña fracción de conciencia es capaz de dar una impresión de totalidad al ser, que en su experiencia, también adolece de un aprendizaje prácticamente nulo. En definitiva, lo pequeño es capaz de influir en lo poco; ambos desarrollarán su capacidad simultáneamente. Así como un gotero se colma con unaa gotas, y el abismo entre dos continentes con un océano, así la conciencia colma al individuo desde que nace, dándole la sensación de plenitud, lo mismo que hará cien años más tarde en la antesala de su muerte.

Llegados a este punto comienzan los problemas fundamentales de ¿cómo puede una fracción de conciencia llegar a nosotros a través de la herencia cromosómica?. En realidad, no creo que por los simples mecanismos mendelianos podamos avanzar hasta alcanzar la transmisión de algo tan complejo como lo que tratamos, aún cuando las combinaciones proteínicas sean casi infinitas, por sí solas sólo son capaces de darnos difusas respuestas en este momento actual de la ciencia. Cuando avancemos en estos estudios y sepamos más al respecto, seguramente reconoceremos que la molécula, por sí sola no nos explica la causa.

Estamos acostumbrados a analizar el mundo dentro de un espacio-tiempo, determinado por el estado actual de la física, pero, veamos qué pasaría si olvidándonos un poco de los límites conocidos, tratamos de llegar un poco más allá, aunque sólo sea con el pensamiento, movido por el vehículo más seguro: la lógica, la cual es indudablemente la más maravillosa de las virtudes de ese conjunto de neuronas asociativas de nuestro cerebro.

Supongamos que somos capaces de agrandar la materia, o bien, que nosotros estemos en capacidad de encogernos. Podríamos observar, sin ningún tipo de duda, que los átomos se asemejan a los sistemas solares. Un núcleo central, de uno o más elementos, partículas girando a su alrededor, ya sea electrones o planetas, numerosos otros elementos rondando la estructura, y un gran espacio vacío, equivalente para ambos, con respecto a sus tamaños particulares. A su vez, al mismo tiempo, variando su dimensión simultáneamente con su tamaño. Dentro de estos nuevos sistemas solares, representados por nuestros átomos, tendríamos, a su vez, que reconocer la existencia de nuevos átomos, después de desmenuzar sus componentes en planetas y moléculas; una vez en este nivel repetiríamos la operación, y así hasta el infinito.

Por otro lado, tal operación con lo pequeño, hasta el infinito, podremos razonar, con toda lógica, que un sistema solar es como un átomo de un nivel superior al nuestro; las galaxias serán objetos, y el universo, simplemente, un planeta de superior dimensión, lo que explicaría con facilidad la forma dada por Einstein al universo. Nuevamente seguiríamos en proceso, en ascenso, hasta el infinito.

Es indudable que todo ésto, que parce tan sencillo a simple vista, traería aparejada una terrible secuela de consecuencias, una de ellas, por ejemplo: el considerar que dentro de nuestro cuerpo, es decir, en algunos de los electrones de los átomos de nuestras moléculas, con toda seguridad habría vida, vida como la de nuestro planeta, pues sería absurdo pensar que somos los únicos seres vivos de ese infinito universo, y no sólo ya de nuestra dimensión espacial, sino en las otras infinitas en número.

Estos mundos internos, con seres inteligentes en mayor o menor grado que nosotros, de acuerdo al cálculo de probabilidades, representaría la existencia de estados de conciencia individuales y colectivos dentro de nuestro propio ser, estados que al relacionarlos con las aptitudes primitivas de las que hablamos, tales como las telepáticas, explicaría, no ya a nivel cromosómico, sino a nivel ultrafísico, la existencia real de una conciencia universal, que por estar dentro de nosotros mismos en forma infinita, y por formar nosotros parte, a su vez, de ese infinito externo hacia lo grande, formaría prácticamente un Todo, Todo del cual nosotros formaríamos parte. El sólo hecho de estar vivo sería suficiente para tener presente el estado de conciencia, aún cuando en el estado inerte, como la muerte, por ejemplo, por lógica, también formaríamos parte de él, pero sin sentirlo.

En definitiva, y para no alargar más esta disertación, lo cual podrá hacerse en forma detallada y considerando multitud de facetas que no mencionamos siquiera por la cortedad de este ensayo, en otro momento, y en otros trabajos más extensos, podemos determinar que para que haya "conciencia" es necesario solamente "ser". Para sentirse impregnado de ella es absolutamente imprescindible y necesario poseer herramientas, y esos instrumentos, definitivamente han de ser nuestros sentidos, los cuales toman forma como tales en el mismo momento de la concepción y posterior nacimiento, a través de la etapa de desarrollo embrionario. El siguiente aprendizaje del individuo transforma ese estado. La muerte, finalmente lo involuciona. El ciclo se repetirá eternamente, pues el tiempo no existe.

---oOo---

CÓMO

PREPARAR UNA

ENCUESTA

FERNANDO HERRERA ÁLVAREZ

CÓMO PREPARAR UNA ENCUESTA

Algunas personas piensan que hacer una encuesta es algo muy simple, cuando en realidad es un proceso que requiere una preparación muy cuidadosa. Para ayudar en algo a aquellas que estén interesadas en realizar un proceso de tal índole, y que carezcan de los conocimientos propios de los profesionales de la estadística, la psicología o la sociología, les vamos a presentar el siguiente ejemplo, que como es lógico necesita previamente tener un a idea previa de cúal es el propósito de tal estudio. En este trabajo, y solamente con fines didácticos, hemos seleccionado el siguiente TÍTULO:

"Influencia del grado de instrucción sobre la valoración de la profesión de abogado. Estudio realizado en quince grupos de estudiantes de educación media, de la población de Guarenas".

FORMULACION DEL PROBLEMA.-

Nuestra sociedad, sometida a un continuo proceso de deterioro, presumiblemente a consecuencia de:

A).-Desorganización progresiva de las instituciones que la conforman.

B).-Sobresaturación de medios de comunicación mal utilizados, con su consecuente secuela de información inadecuada o fuera de la realidad.

C).- Desajustes de la personalidad en los sujetos responsables de seleccionar el tipo de información que ha de llegar a la gran masa de la sociedad en general.

D).- Notoria carencia de interés por llevar a las nuevas generaciones el conocimiento preciso y adecuado, para lograr el mejoramiento institucional, vocacional y de la conducta de los individuos en proceso de formación, y

E).-Diferentes factores no identificados y que es indudable su existencia por el efecto de halo que producen, entre otras consecuencias observables, y que tienen la necesidad, indubitable, de que se someta a estudio a todas y cada una de las causas que pudieran incidir en la producción de los "males" sociales que nos aquejan.

Entre todas estas variables, las que más importan en esta investigación son las referentes al adecuado juicio crítico que utilizan las personas para valorizar la profesión del Derecho, que tratan de conocer exhaustivamente, mediante el estudio continuado y programado.

El interés específico hacia el área de investigación mencionada "infra", se basa en el interés particular hacia esa parte del conocimiento. Dentro de un esquema pre-analítico del problema general, destaca la inseguridad reinante, actualmente, sobre muchos de los posibles factores que inciden básicamente en los conceptos erróneos que manejan algunos grupos determinados, sobre la idoneidad y necesidad de la existencia y utilización de los servicios profesionales de los abogados en ejercicio.

Dentro de esta aproximación al problema, destaca la necesidad de conocer las verdaderas razones por las cuales la población en general desiste de la utilización preventiva del profesional del Derecho, dejándolo únicamente para cuando la necesidad lo obliga.

Al tener la oportunidad de medir en forma cualitativa y cuantitativa algunos aspectos de valoración general de los sujetos, será posible predecir un cambio en el comportamiento de uso de la asesoría jurídica, implementando el manejo de las variables, que la presente investigación pueda identificar.

OBJETIVOS DE LA INVESTIGACION:

Los objetivos de la presente investigación son fundamentalmente los siguientes:

a).- Determinar si la variable "instrucción" es determinante en la variabilidad del concepto de "necesidad" de emplear los servicios del abogado.

b).- Cuantificar, dentro de los elementos

disponibles, en la forma más aproximada posible qué variables de aprendizaje intervienen en el proceso educacional, que afectan directa o indirectamente la calificación que dan los sujetos al concepto: "necesidad de asesoramiento jurídico preventivo".

EVALUACION DEL PROBLEMA.-

La importancia de realizar este estudio es la de crear las bases para futuras y más exhaustivas investigaciones, que puedan tener como puntos de referencia los datos relevantes que se deriven del presente trabajo de sondeo.

Una de las principales dudas que se espera despejar es la de realizar una valoración cuantitativa y cualitativa de la variable compleja "instrucción". Despejada esta incógnita, quedaría abierto el campo de trabajo para un estudio más específico de las variables simples incluidas en el complejo mencionado.

LIMITACIONES DE LA INVESTIGACION.-

Las limitaciones de esta investigación son numerosas y nada desechables. El problema en estudio es arduo complejo por la multitud de variables intervinientes que pueden incidir en los resultados. La precisión debe relegarse en beneficio de los factores generales que orienten para futuras investigaciones. No se aspira dejar nada definitivamente demostrado. El principal objetivo teórico-práctico es el de realizar un estudio exploratorio de la existencia o no existencia de las variables presentes en las hipótesis.

En general las limitaciones más importantes son:

A).- Pocas disponibilidades de tiempo.

B).- Reducidos recursos económicos.

C).- Complejidad del estudio.

Todo ello conlleva a desarrollar el proyecto en base a unos recursos muy limitados, los cuales son:

1).- Utilizar como muestra únicamente alumnos de educación media.

2).- Simplificar el proceso de muestreo, realizándolo, no sobre la totalidad del universo, es decir, sobre todo el país, sino en base a una sola población, y específicamente a una sola institución educativa, que sea significativa en la población y en el Estado, debido a su condición de Escuela Piloto.

3).- Reducir la parte instrumental de la investigación a una sola condición de prueba, presentada por quince grupos de alumnos, formados por treinta sujetos en cada grupo, y diversificados en base a estudiantes de primero, segundo, tercero, cuarto y quinto año de educación media.

4).- Reducir al mínimo el número de ítems

contenidos en la encuesta, debido a las dificultades de análisis factorial que pueden surgir al multiplicar las variables a explorar.

VI.- SINTESIS DEL PROYECTO.-

En definitiva, la presente investigación tiene unos objetivos claros en buscar la relación existente entre las variables 'instrucción" y "necesidad de asesoramiento jurídico preventivo" , el método será el de realizar un estudio exploratorio con una muestra formada por quince grupos de alumnos de los años primero a quinto de una escuela piloto en el área. La Escuela Técnica Industrial "Rubén González", de Guarenas, Estado Miranda, se utilizará como instrumento, material de encuesta, y el proceso de análisis se llevará a cabo extrayendo las posibles variables que puedan detectarse identificarse durante el proceso analítico. Los resultados esperados se basan en el cumplimiento de las hipótesis especificadas "infra", es decir, demostrar que la instrucción es importante en la valoración de la necesidad de emplear preventivamente al abogado; y desde luego, las proyecciones se prestan a la divagación, siendo la más importante la de valorar más el trabajo del profesional del derecho.

VII.- ANTECEDENTES DE LA INVESTIGACIÓN.-

Una revisión no exhaustiva del material bibliográfico disponible para el investigador, no nos ha revelado que con anterioridad se haya realizado un trabajo similar. Indudablemente, dentro de las limitaciones de esta investigación está la plenamente justificada por factores temporales, y económicos, de realizar una profunda y minuciosa investigación bibliográfica del problema, la cual dejase para trabajos sucesivos más amplios. Sin embargo, en algunas obras de orientación vocacional hay muy ligeras y generales referencias que no aportan nada a este trabajo, y que por lo tanto no se incluyen en la bibliografía. Estas referencias se refieren a la vocación particular hacia la profesión de abogado, como una manifestación de la preferencia hacia ese tipo de actividad, pero no mencionan nada sobre la relación entre niveles académicos y comprensión del problema planteado. Deducimos, pues, en primera instancia, que el tema es virgen y que se trilla un campo totalmente desconocido.

VIII.- BASES TEÓRICAS.-

Si se llegase a demostrar la relación existente entre el grado de instrucción de los sujetos con respecto al conocimiento de la necesidad de asistir al profesional del derecho con anterioridad a la existencia del hecho punible o defendible, se evitaría la proliferación de trastornos de tipo económico, y consecuentemente emocional, precedente a diversos trastornos de la personalidad psíquica simultáneamente con los de la responsabilidad sobre la personalidad jurídica. Se estaría en condiciones de introducir las variables apropiadas durante el proceso de aprendizaje de los individuos, que permitieran alcanzar un nivel de comprensión adecuado en las etapas primigenias del proceso. Una mayor capacitación de este tipo llevaría necesariamente, a la utilización en un porcentaje muy superior al actual, de los servicios de la abogacía, contribuyendo al aumento del prestigio inherente a esa profesión, y comparándola a otras profesiones, que entre sus actividades más importantes se cuenta la de profilaxia, tal como ocurre con la psicología, la sociología o la medicina.

IX.- DEFINICION DE TERMINOS BASICOS.-

1.- Instrucción: Proceso de aprendizaje, mediante el cual los individuos adquieren el conocimiento. En el presente caso se refiere a la instrucción correspondiente a la que representa el año en que se encuentra el alumno, y más específicamente la referente a la anterior a la fecha de presentación del instrumento.

2.- **"Necesidad de utilizar preventivamente los servicios de un abogado"**.

Puede desglosarse asi:

a).- Necesidad. Carencia de algo. En este caso del empleo de los servicios del profesional del Derecho.

b)..- Utilizar: Asistir a consulta profesional, ya sea en el buffete o en un lugar equivalente.

c).- Preventivamente: Anticipándose a algo, profilácticamente, es decir evitando, mediante la información precisa y la acción adecuada, las acciones jurídicas negativas a las que esté predispuesto el sujeto, en base a sus actividades, estado o proyectos.

d).- Servicios: Trabajo profesional de análisis de un problema determinado, que puede incluir recomendaciones particulares o acciones interruptoras de un proceso perjudicial para el consultante.

e).- **Abogado:** Profesional del Derecho, en ejercicio, y al que se le atribuyen, por derecho adquirido, en base a sus títulos académicos y de prestigio personal o colectivo, la habilidad para encauzar las acciones jurídicas consecuencia de hechos ocurridos, en proceso o proyectados, hacia una posición favorecedora de los intereses jurídicos del consultante.

f).- **Valoración:** Ubicación dentro de un determinado grado de comprensión, asignándole al objeto de estudio una cuantificación o cualificación, determinada por los valores propios e inherentes al sujeto encuestado.

X.- SUPUESTOS IMPLICITOS.-

Los más importantes que deben ser considerados son:

a).- El instrumento utilizado contiene los elementos fundamentales de análisis del problema planteado.

b).- Los sujetos encuestados responden con sinceridad las cuestiones planteadas en los ítems correspondientes.

c).- El análisis de datos será establecido en base a criterios que se correspondan con la realidad del problema que se estudia.

d)   Que no surjan variables intervinientes que afecten en sus bases los resultados esperados, en el momento de la investigación o posteriormente.

XI.- SISTEMA DE VARIABLES.-

a).- Dependientes: representan los efectos que se estudian. El efecto a estudiarse es la "necesidad de utilizar preventivamente los servicios del abogado", el cual en sí representa la utilización o no utilización por parte del sujeto, de tales servicios. Significa una variable compleja, medible en base a los resultados factoriales de los términos del análisis, en el momento de su determinación. En última instancia, lo que desea medirse es la <u>capacidad</u> del sujeto <u>para comprender</u> que es necesario el <u>uso</u> de los servicios del abogado, y ésta sería la variable dependiente simple, más importante.

b).- <u>Independientes</u>: Representa las posibles causas o correlatos de los efectos de las mismas. El experimentador se basaría en el manejo de esta variable para modificar los efectos. En el caso de una exploración, mediante encuesta, la variable independiente puede ser atribuida al <u>grado</u> de <u>instrucción,</u> el cual, en efecto es manejado por el investigador, ya que asigna varios grupos de diferente nivel académico .

FERNANDO HERRERA ÁLVAREZ

c).- Entre las variables intervinientes, pueden presentarse las siguientes:

1.- Estado emotivo de los sujetos.

2.- Características particulares del medio ambiente de cada aula.

3.- Momento en el tiempo que está sujeto a pequeñas variaciones, debido a la limitación de los recursos humanos operacionales.

El propósito final es controlarlas al máximo, sin embargo, el hecho de estar manejando un proyecto que aún no se ha realizado en la realidad, puede dar entrada a imprevistos no considerados en el actual momento.

XII.- SISTEMA DE HIPOTESIS.-

a).- Hipótesis General;

"La valoración de la profesión de abogado, es directamente proporcional al grado de instrucción de los sujetos analizados"

b).- Hipótesis Operacional:

"Si analizamos las respuestas de quince grupos de alumnos de diferente nivel académico, ante preguntas referentes a la "necesidad de utilizar preventivamente los servicios del abogado" se observará una actitud más positiva hacia su uso, en los últimos años con respecto a los primeros".

XIII.- METODOLOGIA.=

1.- POBLACION:

El Universo comprende todos los alumnos de educación media, pertenecientes a una población socio-económica fundamentalmente media-inferior y baja, correspondiente a la tipificada para la zona de Guarenas.

2.- MUESTRA:

La muestra seleccionada corresponde a la cuarta parte de los alumnos de la Escuela Técnica "Rubén González", la cual representa a las características fundamentales de los sujetos de la zona, dado que en ella cursan estudios alumnos de orientación técnica como diversificada, además de corresponder el ciclo básico a grupos de alumnos que durante los tres primeros años pueden cursar, con total equivalencia en otros planteles de educación media a niveles correspondientes al ciclo básico de bachillerato general. Esto hace corresponder la población de ese plantel con todas las características posibles consideradas en el universo total de los demás planteles de la zona del mismo nivel de educación.

XIII.- DISEÑO:

Se tomarán tres grupos de primer año, de entre veinte y treinta alumnos; tres grupos de segundo año, con la misma cantidad de elementos integrantes; tres más para el tercer año;

tres para el cuarto y tres para el quinto. La muestra total deberá abarcar un mínimo de trescientos alumnos y un máximo de cuatrocientos cincuenta. A todos ellos se les aplicará la misma encuesta. El estudio se realizará en base a los resultados de la población-muestra, tomando en cuenta la estratificación de niveles de instrucción elaborados en la selección. El análisis se realizará simultáneamente, considerando las diferencias significativas que puedan surgir entre los diferentes grupos. No se tomarán en cuenta las divergencias dentro de elementos de una misma clase de grupos, es decir, los tres grupos-aulas de cada año se considerarán como un solo gran grupo correspondiente a un nivel académico determinado.

La denominación de la investigación será la caracterizada como Estudio exploratorio controlado, en el cual se intentará manejar la mayor cantidad de variables experimentales posibles. Fundamentalmente se aplicará un muestreo estratificado sobre una población controlable experimentalmente, como es en las aulas de clase.

XIV. - TÉCNICAS DE ANÁLISIS.-

El análisis de los datos se realizará tomando en cuenta las tendencias centrales de las respuestas, trabajando con estadísticos básicos como el modo, media y mediana, para a partir de esos resultados iniciales comparar los resultados más significativos entre los cinco grandes grupos, pero especialmente entre el gran grupo de primer año y el gran grupo del quinto. Los grupos intermedios servirán para analizar la constancia de la tendencia de cada respuesta en los diferentes estratos de instrucción considerados.

XV. - ESTUDIOS PILOTOS:

Durante el desarrollo de esta investigación no están contemplados estudios pilotos de ningún tipo, dado que la investigación en sí, para los efectos prácticos ha de comportarse como un estudio exploratorio piloto para investigaciones más amplias que se salen de las posibilidades de la presente.

XVI. - ASPECTOS ADMINISTRATIVOS:

1.- Recursos Humanos: Para la realización del trabajo se cuenta únicamente con un investigador, el autor de este trabajo, el cual realizará el estudio en la misma institución en la cual trabaja.

Los sujetos del estudio son obtenibles con relativa facilidad durante los lapsos de clases normales, y ocasionalmente, a petición, en horas extraordinarias.

2.- <u>Recursos institucionales</u>: Escuela Técnica Industrial "Rubén González", ubicada en Guarenas, Edo. Miranda.

3.- <u>Presupuestos</u>: Se considera que los gastos de papel, esténciles y reproducción no sobrepasen los cinco mil bolívares.

4.- <u>Tiempo de ejecución</u>:   Considerando que está por finalizar un lapso escolar, la realización de la presentación del instrumento de la encuesta, deberá ser realizada en los comienzos del próximo año lectivo, es decir, aproximadamente entre los días quince y treinta de octubre del presente año cronológico. El análisis de los datos podrá ser realizado durante el mes siguiente, por lo que se estima que el informe final podrá ser publicado aproximadamente entre las dos ultimas semanas del próximo mes de noviembre.

---oOo---

XVII.- BIBLIOGRAFIA CONSULTADA:

1.- FESTINGER, L. y KATZ, D.-"Los métodos de investigación en las ciencias sociales. Paidos, Buenos Aires, 1975, 2a. ed.

2.- ASTI VERA, Armando.- "Metodología de la Investigación". Kapelusz, Buenos Aires, 19 73.

3.- HOCHMAN, Elena y MONTERO, Maritza.- "Notas sobre investigación Documental". Publicaciones de la Facultad de Ciencias Económicas y Sociales, UCV. 1975.

4.- GALTUNG, Johan.- Teoría y Método de la Investigación Social .- Tomo 2.- Eudeba, 1966.

5.- SUMMERS, Gene F.- "Medición de actitudes".- Trillas, México, 1976 .

6.- CAMPBELL, Donald y STANLEY, Julián.- "Diseños experimentales y Cuasi-Experimentales en la investigación social".- Amorror-tu. Amorrortu, Buenos Aires, 1973.

7.- CASTRO, Luis.-"Diseño Experimental sin estadística".- Trillas, México, 19 77.-

8.- SIEGEL, Sidney. - " "Estadística no pa-ramétrica" . - Trillas, México, 1975.-

9.- GARCÏA DE SERRANO, Irma, y otros.- "Manual para la preparación de informes y tesis". Editorial universitaria de Puerto Rico, 1978.

I N D I C E

FERNANDO HERRERA ÁLVAREZ

POSIBLE CUESTIONARIO DE LA ENCUESTA

CONTESTE LO MAS SINCERAMENTE QUE PUEDA ESTAS PREGUNTAS:

     Marque encima.

1.- ¿Es importante para usted la profesión de abogado?.
     SI   REGULAR NO

2.- ¿Cree usted que los servicios del abogado son necesarios a la sociedad SI REGULAR NO

3.- ¿Piensa usted que al abogado debe irse únicamente en caso de conflicto jurídico?, SI
  A VECES NO

4.- ¿Cree usted que es preferible ir siempre al abogado cada vez que se va a realizar una de estas actividades?. SI ALGUNAS VECES NO

a.-Asistir a una citación del Impuesto   S-AV-N
b.-Atender la citación de un abogado   S-AV-N
c.-Comprar un carro   S-AV-N
d.-Vender un apartamento   S-AV-N
e.-Comprar una granja   S-AV-N
f.-Vender un taller   S-AV-N
g.-Firmar un contrato d compra a plazos S-AV-N
h.-Reclamar el abuso de un vecino...   S-AV-N
i.- Denunciar un asalto   S-AV-N
j.-Ir a registrar a un recién nacido   S-AV-N

5.- Cree usted que hay profesiones mejores que la de abogado?.   SI   NO
     ¿De más prestigio?   SI   NO
     ¿Mejor pagadas?   SI   NO
     ¿Más difíciles?:   SI   NO
     ¿Más interesantes?   SI   NO

¿Otras
causas?:_____
(Si eligió por otras causas, ¿cual fué
la causa?

_____
Se ha enfrentado a problemas jurídicos?
SI NO

A través de los padres
A través de un pariente cercano
A través de un amigo
Otras personas_____ ¿Cual?_____

7.- ¿Le asusta ir a un abogado?
       SI   REGULAR   NO
8.- ¿Se siente seguro cuando un abogado lo
acompaña a resolver el problema?.
       SI   ALGUNAS VECES   NO

9.- ¿Es para usted el abogado:

       UN AMIGO

       UN ENEMIGO

---oOo---

FERNANDO HERRERA ÁLVAREZ

ÍNDICE GENERAL:

www.ingramcontent.com/pod-product-compliance
Lightning Source LLC
Chambersburg PA
CBHW051903170526
45168CB00001B/220